2023年北京市教育委员会科研计划一般项目（社科）（项目编号：SM202310011007）

韩　璇◎著

房地产市场的定价与产业关联
——微观证据与宏观分析

The Pricing of Real Estate Market and Its Industrial Linkages
Micro Evidence and Macro Analysis

中国财经出版传媒集团
经济科学出版社
Economic Science Press

图书在版编目（CIP）数据

房地产市场的定价与产业关联：微观证据与宏观分析／韩璇著 . -- 北京：经济科学出版社，2023.7

ISBN 978 - 7 - 5218 - 4960 - 8

Ⅰ.①房… Ⅱ.①韩… Ⅲ.①房地产市场 – 定价 – 研究 – 中国 ②房地产市场 – 定价 – 投入产出分析 – 中国 Ⅳ.①F299.233.5

中国国家版本馆 CIP 数据核字（2023）第 136944 号

责任编辑：杜　鹏　常家凤　武献杰
责任校对：刘　昕
责任印制：邱　天

房地产市场的定价与产业关联
——微观证据与宏观分析

韩　璇/著

经济科学出版社出版、发行　新华书店经销

社址：北京市海淀区阜成路甲 28 号　邮编：100142

编辑部电话：010 - 88191441　发行部电话：010 - 88191522

网址：www. esp. com. cn

电子邮箱：esp_bj@ 163. com

天猫网店：经济科学出版社旗舰店

网址：http://jjkxcbs. tmall. com

固安华明印业有限公司印装

710×1000　16 开　14 印张　230000 字

2023 年 7 月第 1 版　2023 年 7 月第 1 次印刷

ISBN 978 - 7 - 5218 - 4960 - 8　定价：99.00 元

献给我的父亲母亲！

前　言

安得广厦千万间

　　这本书讨论的是我国城市房地产市场的宏观影响和微观细节。房地产业是与亿万国民息息相关的安居大业，同时，自我国住房改革之后，房地产也成为观察经济发展变化的重要窗口。因此，本书力图从严谨的学术角度对这一行业展开研究，从民生角度分析房市的定价过程，从产业和区域的角度讨论其在国民经济中的重要作用。

　　我国房地产市场涉及的经济现象和背后的经济理论十分复杂。本书意在从不同的侧面展现我国房地产及其相关领域的发展变迁，并讨论其与普罗大众息息相关的话题。本书的内容脱胎于我在北京大学攻读经济学博士学位时的研究论文，以房地产市场的定价和产业关联为主线，分为上、下两篇。其中，上篇为微观证据，下篇为宏观分析，所使用的数据和文献以房地产相关领域丰富且深入的学术研究为基础，力求基于真实的住房成交数据，对日常人们所关心的重要问题展开精准的量化估计。例如，热火朝天的"学区房"房价中有多少是来自优质教育的溢价，而基础教育改革又将给房价带来怎样的影响；空气质量的变化影响着人们的居住决策，这一选择也将显著地体现在市场的定价过程中。除此之外，房地产及其相关建筑业一直是政策调控的重要落脚点，其理论依据在哪里，而区域房价的变化将如何影响人口的分布等。

　　书稿撰写过程中，离不开我在北京大学国家发展研究院的导师赵波老师的悉心指导，部分章节的撰写和完善也有赖于院内老师们切实的意见和建议，尤其要感谢的是沈艳和王敏两位老师。此外，书稿的完善和出版过程中得到了众多专家和同仁的启发与帮助，包括斯托斯莱特（Kjetil Storeslette）、王鹏飞、倪国华、杨光和李昕老师。

立足于当下但不局限于此刻的经济研究，是我一直以来的愿景和追求。我也深知为达成这一愿景还有漫长的前路要走。虽然本书的研究视角和证据仅能窥得我国房地产市场和行业之一斑，但我却不赧于怀此宏愿：希望我的祖国和人民终将广厦千万间、天下俱欢颜。

此外，书稿撰写过程中受制于各类数据的整合限制，截至出版之时部分章节的数据未能持续更新，但基于往年数据采用的分析方法和结论于当下依然具有重要的参考意义。当然，本书的一切错漏之处都将归于我自己，期待来自各方的批评和指正。

笔者
2023 年 6 月

目　　录

上篇　微观证据

下篇　宏观分析

第1章 引　言

住房及相关的房地产业一直是居民生活和国民经济的重要组成部分。从经济学的视角来看，不论是微观角度还是宏观角度，住房与房地产业都影响着千家万户的经济生活以及整体国民经济的发展和波动。

从微观角度来说，一方面，住房直接与居民的日常生活息息相关；另一方面，住房还关系着城镇教育等公共产品在户籍家庭当中的分配，其购买、租赁和出售等交易过程是重要的家庭经济决策。另外，由于住房资产体量较大，它往往是个体或者家庭资产的重要组成部分。因此，住房产业的相关政策调控影响着我国城镇百姓千家万户的生活，房屋的居住特征、区位特征、周边环境等对居民的生活质量水平起着决定性的作用。

值得强调的是，房产在当下的经济背景中，既是家庭消费品又同时具有投资品的属性，担负着家庭资产保值、增值的预期。而且房产中还附加着诸如教育等其他公共资源，尤其在我国城镇地区，在现有户籍制度背景下，绝大多数大中城市以公立基础教育为代表的公共物品的分配与家庭户籍所在地直接挂钩，而户籍一般来说又与居民住宅的所有权紧密相连。因此，房屋的价格中除了包含其本身所提供的住房服务的价值以外，一般还包含了家庭为其他附加公共资源所支付的溢价，占比较大且最受到公众关注的就是家庭为了子女入学购买优质学区房所支付的教育溢价，其次还包括诸如空气质量、地铁交通、医院医疗设施等其他公共环境和公共品的溢价。

从宏观角度来说，伴随着我国经济发展的，是不断演进的住房市场化进程，房地产业逐步成为我国经济发展的重要支柱性产业，房地产业的发展以及相关调控政策，已经成为影响整体经济表现的决定性因素之一。而房地产业的相关产业众多，其中，上游产业诸如建筑业，在生产过程中大量使用来自制造业等其他国民产业的中间品，这种大量中间品的交互使用在整体国民经济中形成了重要的产业关联。如果从投入产出的角度来看，由于建筑业同其他产业之间存在着这种交错紧密的产业关联，其相关的增长、波动和调控往往会带动整体国民经济的发展，进而以乘数效应影响整体的经济表现。

此外，区域住房价格的差异和波动，还会影响经济运行的其他方面。例如，区域之间或者区域内部的住房价格差异及其变动，首先会影响对应区域的劳动力流动和分布，并且这一影响同时具备正向和负向两个方面的作用。具体来说，如果区域房价较高，代表着当地经济发展水平较高、经济活动活跃、增速较快，意味着可以提供更多的劳动岗位和带来更高的收入水平，在这样的前提下，住房价格较高意味着人口将会逐渐聚集，劳动力将流向这一区域。但从另一个角度来说，区域房价较高直接代表着该地区高昂的居住和生活成本，伴随着城市公共交通的发展以及区域间经济联系的加强，在通勤便捷提高的背景下，较高的居住成本也可能会挤出劳动力。进一步分析，这种对劳动力的挤出效应对不同特征的劳动人口的效果也不尽相同：具备较高技能的劳动力更有可能负担较高的居住成本，因而聚集在房价较高的区域；但与此同时，高技能劳动力由于更易在其他区域获得工作岗位，并且可能更注重生活质量，也可能会在区域内部搬迁甚至迁移到其他城市。这就涉及区域之间和区域内部的、异质性的劳动力流动分析。

此外，在突发公共事件的影响下，宏观经济受到冲击无疑也会同时影响到房地产行业，并且伴随着人口分布和流动趋势的变化。以 2020 年初暴发的新冠肺炎疫情为例，突发的公共卫生类安全事件，制约着人们的出行和经济生产的发展。在这种突然的冲击之下，人们的行为方式是否发生了改变，对应的具有不同人口特征的不同劳动人口会发生怎样的迁移，以及其迁移将与房地产业发生怎样的关联，都是重要且亟待研究的经济问题。

近年来，虽然随着住房价格调控政策与基础教育入学制度改革的并行发展，教育等公共资源在城镇家庭中的分配开始逐渐与住房所有权解绑，但是，相关政策的实施至今还处在不断探索的阶段，其政策影响也有待综合和精准地评估。因此，分析房地产的定价及其价格的影响因素、评估房地产相关行业对整体经济的带动作用、估计住宅区域价格及其相关政策的实施效应，无论从学术角度还是从政策建议的现实角度，都具有十分重要的研究意义。

1.1　房地产业成为支柱产业的历程

在进入精确的分析之前，本书先简要介绍我国房地产业的发展历史，并将重点放在住房改革之后房地产业成为支柱产业的历程上。

1978 年 10 月，改革开放的总设计师邓小平首次提出一个问题：住房可否成为商品？[①] 伴随这一问题的提出，中国的住房制度改革也随之启动。随着几轮城市试点改革的成功，1988 年，召开了第一次全国住房制度工作会议，同年国务院印发《关于在全国城镇分期分批推行住房制度改革的实施方案》，提出：“按照社会主义有计划的商品经济要求，实现住房商品化。”我国住房制度改革由此进入全面试点阶段。

1989 年，北京市房地产交易所经政府批准成立，各地也逐渐建成规范的房屋交易市场。随着城镇住房制度改革的深化，1996 年，时任国务院副总理朱镕基在国务院常务会议上提出，住房建设可以成为新的国民经济增长点和新的消费热点。[②] 1997 年，在亚洲金融风暴的背景下，中央提出要促进消费、扩大内需以保持经济的稳定。1998 年，中国人民银行明确“进一步加大住房信贷投入，支持住房建设和消费”，同年国务院发文明确“停止住房实物分配，逐步实行住房分配货币化”，加之 1999 年中国人民银行提出加强消费信贷的 10 条指导意见，“取消福利公房制度”“金融体系开放”和“消费信贷放开”共同为房地产业成为“支柱产业”奠定了基础。[③] 2003 年，“房地产业关联度高，带动力强，已经成为国民经济的支柱产业”这一提法被写入国

---

① 卜凡中. 房子那些事儿［N/OL］. 中国青年报，2010 – 5 – 19. https：//zqb. cyol. com/content/2010 – 05/19/content_3238271. htm.

② 王红茹. 我亲历的“98 房改方案”制定过程［N/OL］. 中国经济周刊，2018（50）. http：//paper. people. com. cn/zgjjzk/html/2018 – 12/24/content_1901586. htm.

③ 张健铭. 1997 年北戴河会议：房地产业成为支柱产业的开端［J］. 中国房地产报，2008 – 01 – 18.

务院文件，确立了房地产业在国民经济中的支柱地位。

2003～2007 年，随着我国经济的持续增长，尽管伴随着一系列房地产调控政策，房地产业依旧蓬勃发展。国内生产总值从 13.7 万亿元增长到 27.0 万亿元，商品房每平方米售价从 2 359 元上升至 3 863 元，房地产业增加值从 2003 年的 0.6 万亿元增加到 2007 年的 1.4 万亿元，与之对应，建筑业增加值从 0.8 万亿元上涨到 1.5 万亿元。[①]

2007 年，房地产调控政策进一步收紧，进入 2008 年后，房地产市场回落。2008 年，全国商品房销售价格首次同比下跌，商品房销售面积同比下降近 20%。同样是 2008 年，始于美国两大房贷融资机构——房利美和房地美的金融危机愈演愈烈、席卷全球。同年 11 月，国务院总理温家宝主持召开国务院常务会议，推出了扩大内需的十大措施。这十大措施包括：保障性安居工程；农村基础设施建设；铁路、公路和机场等重大基础设施建设；医疗卫生、文化教育事业；生态环境建设；自主创新和结构调整；地震灾区灾后重建；提高城乡居民收入；增值税改革及加大金融支持力度等。[②] 与此同时，央行下调贷款利率及存款准备金率，国务院推进购房首付贷款优惠、减免房屋交易税费，调低商品房项目的最低资本金比例等。种种"刺激"政策下，基础设施建设与房地产市场纷纷回暖，此后房价一路高歌猛进，对房地产的调控及讨论也从未停歇。

1.2　房地产市场调控政策和措施简述

经济的飞速增长和人口城市化的发展促使我国住房成交量及价格的高速增长，中国房价上涨的背后，是整体经济水平上升、城市化进程加快、劳动力流动变化以及投机活动等因素的推动（况伟大，2010；陆铭等，2014；陈斌开和张川川，2016）。但过高的房价和过快的增长速度对宏观经济、金融

---

① 数据来自国家统计局。

② 人民网. 温家宝主持国务院常务会议，确定扩大内需十项措施［EB/OL］. http：//cpc. people. com. cn/GB/64093/64094/8307079. html.

体系、地方政府财政、上下游相关产业及居民消费习惯都会带来影响（况伟大，2011），这无疑也引发了资源错配、收入分配不均的问题以及人们对降低整体经济生产率的担忧（陈斌开，2014）。

除宏观经济环境及政府调控政策以外，微观因素对房价的影响也不容忽视。其中尤为重要的是城市公共资源在住房上的附着，使得房地产又增添了社会资源分配的角色。

发达国家的研究发现，房地产市场通常具有比较明显的顺周期性（Davis and Heathcote，2005；Chen et al.，2012），同时，部分研究认为，住房作为抵押品会通过放大货币政策的变动进而放大经济波动（Aoki et al.，2004；Iacoviello，2005）。而关于是否应采取政策措施对住房价格进行调控却有争论：有研究认为，抑制房屋价格波动的调控政策可能会降低经济体的产出水平（Chen et al.，2012），但也有研究发现，在存在金融摩擦的情况下，货币政策对房价的调控能够提高社会福利（Notarpietro and Siviero，2015）。

国家对一级土地市场的垄断和针对住房市场不断出台的一系列调控政策贯穿了我国住房市场的各个发展阶段。针对中国住房市场的现状，众多学者就房价相关调控政策的影响展开了研究。我国调控房价的政策措施主要可分为以下两类。

（1）直接针对住房市场的行政调控。例如，限购政策，包括特定城市对购房人资质的限制、对家庭拥有住房总数的限制等，以及首付比例的限定，包括对"首套房""二套房"的不同首付比规定及对可享受"首套房"的房屋资质的定义等。胡涛和孙振尧（2011）发现，在"限购"政策下，子群体的支付意愿异质性会显著影响社会福利的变化。王敏和黄滢（2013）通过建立动态模型并辅之以经验证据，发现限购政策对房价的降低作用十分有限。

（2）从宏观层面的金融政策调控。主要是货币政策，包括央行基准利率的调整、住房贷款利率的优惠幅度等。张涛、龚六堂和卜永祥（2006）发现，住房按揭贷款利率的提高可以有效抑制房地产价格的上涨，梁云芳、高铁梅等（2006）的实证研究显示，利率及货币供应量与房价呈现负相关关系，货币供应量增加1%，房地产价格相应下降0.42%。丁晨和屠梅曾（2007）发现，短期利率可以显著影响房屋价格，但也有证据显示，短期利率对房屋价格几乎没有影响（Liang and Cao，2007）。邓富民和王刚（2012）通过 VAR 模型回归，结果显示短期内利率变化对房价的影响并不明显，长期来看，货币政策中货币供应量的大小相比利率对房价的影响更显著。不过，叶光亮等（2011）进一步关注于长期利率和短期利率的利差，实证结果显示其利差与贷款期限之间显著负相关，购房者的行为会显著受到中央利率政策的影响。

表 1.1 展示了 2007～2017 年十年间按照时间顺序的主要住宅市场调控政策①，主要可划分为以下三个阶段。

表 1.1 **2007～2017 年调控政策年度梳理**

时间及调控方向	具体政策及内容
2007 年抑制房价	一年内 5 次加息，10 次上调存款准备金率；一年期存款基准利率由年初的 2.52% 上调到 9 月的 3.87%，一年期贷款基准利率由 6.12% 上调到 7.29%。 8 月，国务院下发《关于解决城市低收入家庭住房困难的若干意见》，意在主导住房市场回归保障。 9 月，央行与银监会共同下发《关于加强商业性房地产信贷管理的通知》，将二套房首付比例提高到 40%
2008 年波动	上半年政策收紧。1 月，发布《国务院关于促进节约集约用地的通知》，一方面要求提高建设用地利用效率，另一方面提出闲置土地处置政策。同时信贷收紧，央行连续上调存款准备金率 5 次；至 6 月，存款准备金率已提高到 17.5%。 下半年，危机爆发后，央行 3 次降息，5 次降准。11 月，国务院扩内需、促增长的 10 项措施出台，其中包括"加快建设保障性安居工程""加大金融对经济增长的支持力度"；12 月，国务院再推出促进房地产市场健康发展的 3 项政策，包括二套房首付贷款优惠、购房两年转让免征营业税、取消城市房地产税等
2009 年放宽转向收紧	1 月，四大国有银行宣布执行基准利率 0.85 倍优惠； 5 月，普通商品住房项目的最低资本金比例从 35% 调低至 20%。 12 月，国务院提出"国四条"，包括增加普通商品住房的有效供给、继续支持居民自住和改善型住房消费、抑制投资投机性购房、加强市场监督和继续大规模推进保障性安居工程建设

① 臧美华. 新中国城市住房发展历程 1949－2016［M］. 北京：人民出版社，2017。

续表

时间及调控方向	具体政策及内容
2010 年收紧	1 月，"国十一条"政策出台，意在稳定市场预期，抑制房价过快上涨。 4 月，出台"国四条"，将购买二套房的首付比例提高到 50%，贷款利率提高到基准利率的 1.1 倍。 9 月，"国五条"出台，在之前的基础上，要求各商业银行暂停发放第三套及以上住房贷款，对非本地居民暂停发放购房贷款，并将首套房的贷款首付比例调整到了 30% 及其以上。2010 年全年 2 次加息，6 次以上上调存款准备金率
2011 年收紧	1 月，国务院办公厅下发"新国八条"，将二套房首付比例提高到 60%，并提出严厉的限购措施。 2 月，提出计划新增保障性住房 3 600 万套；北京市出台"京十五条"，明确限购的规定，贯彻"新国八条"精神。 3 月，计划 2011 年保障性住房建设目标"开动建设保障性住房、棚户改造住房公 1 000 万套，改造农村危房 150 万户"
2012 年收紧基调下的放宽	调控基调收紧不变，但部分城市的政策出现微调
2013 年政策抑制	2 月，国务院常务会议上确定了 5 项加强房地产调控的政策措施，称作"新国五条"，其中提出坚持执行限购、限贷调控政策，并且调整了二手房交易的个税征收。 3 月底，北京市发布"京十九条"，其中首次将二手房纳入调控，按个人转让住房所得的 20% 征收所得税，满五唯一免征个税；禁止京籍单身人士购买二套房；二套房首付比例不低于 70%。 10 月，北京市紧急发布《关于加快中低价位自主性改善型商品住房建设的意见》，提出自主性商品房的 7 项措施，又称作"京七条"，其中提出年底前全市要完成不低于 2 万套自住型商品住房供地
2014 年转变调控方向恢复政策宽松	5 月，"央五条"出台，其中提出优先满足首次购买普通住房的贷款需求。 9 月底，央行和银监会联合下发文件，称作"930 新政"，提出加大对保障性安居工程建设的金融支持，积极支持居民家庭合理的住房贷款需求，增强金融机构个人住房贷款的投放能力，以及继续支持房地产开发企业的合理融资需求。 11 月，一年期公积金贷款利率下调 0.25 个百分点至 3.75%；一年期商贷利率下调 0.4 个百分点至 5.60%
2015 年政策支持连续降息	3 月，中国人民银行、住建部、银监会三部委联合发布《关于个人住房贷款政策有关问题的通知》，称作"330 新政"：宣布将二套房首付比例降至 40%，对于使用公积金购买首套普通自住房的情况，首付最低可达到 20%；拥有一套住房并已经结清贷款的家庭，再次申请住房公积金购房，最低首付比例 30%。 各年期存贷款基准利率下调 0.25 个百分点，住房转让营业税下调；并在 2015 年央行多次下调准备金率，各年期贷款基准利率随之下降

时间及调控方向	具体政策及内容
2016 年年底开始收紧	9 月，北京市出台楼市新政，又称作"930 新政"，要求在北京购买首套普通自住房的首付款比例不低于 35%，购买首套非普通自住房的首付款比例不低于 40%（自住型商品住房、两限房等政策性住房除外）；对拥有 1 套住房的居民家庭，为改善居住条件再次申请商业性个人住房贷款购买普通自住房的，无论有无贷款记录，首付款比例均不低于 50%，购买非普通自住房的，首付款比例不低于 70%
2017 年政策抑制	1 月起，首套房贷利率从基准利率的 85 折上调至 9 折。 3 月，北京市推出"317 新政"，居民家庭名下在本市已拥有 1 套住房，以及在本市无住房但有商业性住房贷款记录或公积金住房贷款记录的，购买普通自住房的首付款比例不低于 60%，购买非普通自住房的首付款比例不低于 80%。暂停发放贷款期限 25 年（不含 25 年）以上的个人住房贷款（含公积金贷款）。重启"认房"又"认贷"，对第二套（及以上）实行差别化住房信贷认定标准：借款人首次申请利用贷款购买住房，如在拟购房所在地房屋登记信息系统（含预售合同登记备案系统，下同）中其家庭已登记有一套（及以上）成套住房的；借款人已利用贷款购买过一套（及以上）住房，又申请贷款购买住房的；贷款人通过查询征信记录、面测、面谈（必要时居访）等形式的尽责调查，确信借款人家庭已有一套（及以上）住房的；购买第二套普通住宅与非普通住宅首付比分别提至 60% 和 80%。 9 月起，首套房贷款利率较基准利率上浮 5%~10% 成主流，最高上浮 20%，部分银行逐渐停贷；北京市住建委会同北京市有关部门发布《北京市共有产权住房管理暂行办法》，明确了未来五年供应 25 万套共有产权住房的目标。 10 月，北京正式实施《关于加快发展和规范管理本市住房租赁市场的通知》，有利于住宅租赁市场进一步发展

（1）宽松后的调控：2007~2009 年。

2007~2009 年，始于美国的金融危机席卷全球，对各个国家（地区）、各个领域都带来无法忽视的经济冲击。2008 年 11 月，面对动荡的金融形势，国务院总理温家宝主持召开国务院常务会议，确定了进一步扩大内需、促进经济增长的十项措施。此外，2008 年国务院还进行了改革开放以来的第六次机构改革，在原来机构和职能部门的基础上，重新组建了五大部委，其中就包含了住房和城乡建设部。这一机构改革，将"住房"二字加入了部委的名称中，体现了政府对住房相关问题的高度重视。

2008 年金融危机，中国整体经济面临冲击，房地产市场也波动异常。危机前后，房地产领域的相关调控发生了巨大的变化。在危机到来之前，我国的住房相关政策仍在收紧，货币政策、财政政策和土地政策的出台都是为了防止住房价格上涨过快；但在危机到来之后，由于房地产市场受到了严重的冲击，成交量和成交均价都有所下跌，因而房地产放宽政策开始出现，货币政策、财政政策和土地政策全面宽松，行政审批程序也出现"绿色通道"，房地产的相关投资和施工进程加快，房地产市场很快繁荣并出现价格上涨。

"救市"政策得到了明显的市场反馈，随着北京市2008年6月将435个土地储备项目全部纳入绿色通道，8月份1 000亿元土地储备金到位，"地王"记录开始频频被刷新，各地房地产业开发项目也呈现出全面回升状态。

（2）收紧：2010～2012年。

住房价格随着楼市的"抬头"而开始迅猛上涨，引发了政府部门的高度重视。2010年初，国务院出台当年第一个房地产调控政策《国务院办公厅关于促进房地产市场平稳健康发展的通知》，提出11条措施稳定市场预期，抑制房价的过快上涨，这一调控政策也被称为"国十一条"。自此之后，同年4月14日国务院常务会议又确定了楼市调控的四项政策措施，包括抑制不合理住房需求、增加住房有效供给、加快保障性安居工程建设和加强市场监管，又被称为"新国四条"，将购买二套房的首付比例提高到50%，贷款利率提高到基准利率的1.1倍。9月，"国五条"出台，在之前的基础上，要求各商业银行暂停发放第三套及其以上住房贷款，对非本地居民暂停发放购房贷款，并将首套房的贷款首付比例调整到了30%及其以上。2010年全年2次加息，6次以上上调存款准备金率。

但在密集的调控政策下，市场的热情依旧。国家统计局数据显示，2010年全年房地产开发投资同比依旧上涨33.2%，商品房销售面积同比增长10.1%。北京等一线城市商品住宅均价达到1.7万元/平方米①。

2010年各类限购令一出，2011～2014年上半年，住房调控政策收紧，家庭拥有的二套房首付比例提高至60%，贷款利率为基准利率的1.1倍，同时增加商品房的替代品——保障房供给。2011年，时任总理温家宝在接受中国

---

① 由笔者依据国家统计局发布数据计算。

政府网和新华网联合专访时透露，计划在 5 年内新建保障性住房 3 600 万套，以公租房和廉租房为主，使得保障性住房覆盖率达到 20%，有力地缓解住房的压力。①

同年，国务院下发，即《国务院办公厅关于进一步做好房地产市场调控工作有关问题的通知》，又称"新国八条"，其中将二套房贷款首付比例提高到 60%，并提出严厉的限购措施："对于各行政区域内，对已有 1 套住房的当地户籍居民家庭，能够提供当地一定年限纳税证明或社会保险缴纳证明的非当地户籍居民家庭，限购 1 套住房；对已拥有 2 套及以上住房的当地户籍居民家庭、拥有 1 套及以上住房的非当地户籍居民家庭、无法提供一定年限当地纳税证明或社会保险缴纳证明的非当地户籍居民家庭，暂停在本行政区域内向其售房。"进一步，2 月份北京市出台"京十五条"，其中对限购的规定尤为严格。严格的调控政策使得北京房市陷入低迷，2011 年，北京市商品住宅销售面积为 1 035 万平方米，同比下降 14%，销售均价也回落了 10% 左右。此外，2011 年对房地产税的研究有了重大的推进，在 2010 年 5 月国务院下发通知决定开展房产税改革试点之后，2011 年 1 月底，重庆、上海作为首批试点城市展开了房产税的改革。不过综合来说，两地的房产税试点方案都将重点放在了增量房税收的征收，对原有住房的征收涉及不多、税率不高，并且以房产的交易价格为计税依据，而未采用房产的实际评估价值。因而总的来说，两个试点城市的房产税带来的财政收入影响很小，仅占地方税收的千分之一不到。

2012 年，全国范围内对房市的调控基调仍然是收紧的，但部分城市的限购政策开始逐渐松动。

（3）转变：2013 ~ 2016 年。

2013 年，党的十八届三中全会召开，会议以"改革"为主线，讨论了全面深化改革的重大问题。其中，有关经济建设的部分，党的十八届三中全会通过了《中共中央关于全面深化改革若干重大问题的决定》，决定中包括六

---

① 参见中国政府网"温家宝：要把房价过快上涨势头控制住使使房价保持在合理水平"：https://www.gov.cn/govweb/zlft2011/content_1811731.htm.

大议题，涉及房地产及其相关行业的议题就有三个：第一，建立市场导向的金融体制，构建市场导向、高效而富有弹性的金融体系；第二，进行行政体制改革，减少政府对市场的过度干预；第三，破解"城市土地国有，农村土地集体所有"的城乡二元土地制度，加快农村土地的流转，推动农村土地交易市场化。

2013 年，房地产市场行情较为乐观，商品房销售面积突破 11 亿平方米，销售额突破 6 万亿元①。当年 2 月，国务院确定了五项加强房地产市场调控的政策措施，发布《国务院办公厅关于继续做好房地产市场调控工作的通知》，又被称作"新国五条"。其中较为重要的调控措施包括调整了二手房交易的个税征收，由原来总交易额的 1% 或者 2%，统一调整为按照差额的 20% 征收。这一调控政策发布之后，国务院办公厅颁布了《关于继续做好房地产市场调控工作的通知》，主要内容包括针对房价上涨过快的城市中第二套住房的贷款首付及贷款利率，以及加大限购政策的执行力度等。至 3 月，各大城市纷纷发布相关事实细则，其中北京市为例限制购房，规定自当年 3 月 31 日起，禁止京籍单身人士购买二套住房。并在关于个税征收实施细则中要求一般房屋转让，按个人转让住房所得的 20% 征收个人所得税，但是出售 5 年以上的唯一住房时，可以免征个税。

此后，市场开始出现分化，2013 年，整体房地产价格呈现上涨的趋势，尤其一线城市的交易额和交易价格都有所上涨，但是二、三线城市的房价开始下跌，并出现滞销的情况。

2014 年，房地产市场急转直下。全国 70 个大中城市环比增长率都出现下跌。政府的调控政策出现放宽，并且逐渐开始由"行政调控"转向"市场为主，保障为辅"的调控思路。2014 年 9 月起，调控政策有所放宽，新政中，"贷款还清买二套房按首套房贷政策"，首套利率优惠最低至 0.7 折，同年 11 月，五年期以上贷款基准利率下调 0.4 个百分点至 6.15%。并且全国除北京、上海、广州、深圳和三亚 5 个城市以外，其余城市基本上全部取消了限购。

---

① 数据来自国家统计局。

2015 年，在全国政策经济界小组讨论会上，厉以宁指出："目前房地产仍是维系中国经济增长的最大引擎。"同年 3 月的十二届全国人大三次会议上，国务院总理李克强在《政府工作报告》中指出："加快培育消费增长点。——促进养老家政健康消费，壮大信息消费，提升旅游休闲消费，推动绿色消费，稳定住房消费，扩大教育文化体育消费。"[①] 3 月 30 日，中国人民银行、住建部、银监会三部委联合发布《关于个人住房贷款政策有关问题的通知》，宣布将二套房首付比例降至 40%，对于使用公积金购买首套普通自住房的情况，首付最低可达 20%；拥有一套住房并已经结清贷款的家庭，再次申请住房公积金购房，最低首付比例为 30%。这一政策的出台，被称为"330 新政"。

同期，各年期存贷款基准利率下调 0.25 个百分点，住房转让营业税下调；2015 年，央行多次下调准备金率，各年期贷款基准利率随之下降。至 2015 年 4 月，楼市回暖的迹象开始逐渐显现。

2015 年底，在北京召开的 2016 年中央经济工作会议提出化解房地产库存。会议要求加快提高户籍人口城镇化率和深化住房制度改革，并提出通过加快农民工市民化，扩大有效需求，打通供需通道，消化库存，稳定房地产市场。在去库存的刺激下，2016 年房地产市场经历了新一轮的增长。2016 年 2～8 月，全国 70 多个主要城市中，17 个城市的房价涨幅超过 10%，15 个城市的房价涨幅在 5%～10%。[②]

（4）再次收紧：始于 2016 年底。

2016 年 9 月 30 日，北京市 6 部门制定并下发《关于促进本市房地产市场平稳健康发展的若干措施》，将首套普通住宅首付比例由 30% 提高至 35%，二套普通自住房首付比例提升至 50%。同时提出增加房地产市场的有效供应、优化供应结构、强化交易管理等若干调控措施，意在稳定房价。"930 新政"的密集出台还涉及全国其他多个城市，彰显了政府维稳房地产

---

① 参见中华人民共和国中央人民政府 "政府工作报告（全文）"：https://www.gov.cn/guowuyuan/2015－03/16/content_2835101.htm。

② 参见中华人民共和国中央人民政府 "中央经济工作会议举行，习近平李克强作重要讲话"：https://www.gov.cn/xinwen/2015－12/21/content_5026332.htm。

市场的决心。

2017 年 3 月，政策收紧加强，二套房资格"认房"又"认贷"；二套普宅与非普宅首付比分别提至 60% 和 80%，首套房贷款利率上浮至基准利率的 95 折，二套房贷款利率上浮 10%。与此同时，伴随着商住房个人全面限购：全部新建商办类项目只能出售给企事业单位、社会组织，存量商办类项目再次销售可卖给个人，但个人需满足在京无住房和商办类房产、在京已经连续 5 年缴社保或个税的要求，同时禁贷，仅能全款购买；5 月起首套房贷利率较基准利率上浮 5% ~ 10% 成主流，最高上浮 20%，部分银行逐渐暂停发型住房贷款。

1.3　微观证据：房地产价格的影响因素

介绍完房地产市场近年来主要的调控政策之后，本小节着重介绍样本期间（2014 ~ 2016 年）北京市二手房交易市场中，住房的主要居住特征和区位特征的影响。

本书的主要数据分为两个部分，第一个部分是房地产相关数据，包括二手房成交和租房交易数据，第二部分是为了配合相关领域研究的展开而收集的数据，主要包括北京市区域空间特征信息、北京市基础教育信息、住房周边空气质量数据和人口分布热点数据。具体数据来源及匹配方法参见后文 2.2 其他相关微观数据概况。

就第一部分房地产交易数据来说，研究数据来自北京市较大的房屋交易中介，时间跨度为 2013 年 1 月至 2016 年 12 月，包括期间北京市二手房成交和租房成交的详细数据[①]，并限定样本在北京市城六区（东城、

---

① 该房屋中介为"链家网"（https：//cm.lianjia.com/）是一家发布出售、出租住房信息的网络平台，并且是一家参与核实房产信息、协助联系买卖双方，全程参与看房、签约等购房、租房流程的房产中介。其在 2016 年仅在北京市就拥有超过 1 500 个门店和超过 33 000 名房地产经纪人，市场份额达到全市二手房交易的 40%。根据北京市住建委网站公布的数据，"链家网"于 2017 年 1 月成为北京市最大的房地产中介机构。

西城、海淀、朝阳、丰台、石景山）。由于中心城区近年来很少有新楼盘，因此，基于城六区二手房市场交易数据的分析基本涵盖了我们的分析需求。经过清理一共得到二手房成交数据近 14 万条，租房成交数据近 16 万条。

本书收集到的房地产交易数据中包含着微观住宅交易的各类信息，例如，真实的成交价格：二手房交易数据中的价格信息囊括了出售价格、挂牌价格等，而租房数据中包括房屋总的出租总价和出租面积；此外还包括了一些住宅的居住特征，如住房的建筑面积、建筑年份、装修程度、相对楼层、建筑总楼层、卧室和客厅数量等；还有房屋买卖双方的特征，如年龄、性别、出生省份等。

在第一部分数据的基础上，先进行补充的就是北京市区域空间信息特征。也就是根据房屋所在小区的地理位置，补充了房屋附近最近地铁站及其距离、所在城区、环线及更为细致的商圈划分等周边特征，并酌情添加周边公园、医院的距离等公共设施信息。

在以上数据集的基础上，可以先对住宅的居住及区位特征展开定价分析。随后，本书又进一步匹配了基础教育信息、周边空气质量情况，以对公共资源在住房上的附着展开量化评估。

1.3.1　住宅及区位特征的定价分析

表 1.2 中展示了部分基于特征价格回归的分析结果①，给出了房屋主要的居住特征和区位特征对住房均价的影响。其中，第（1）列展示普通最小二乘法（OLS）的回归结果，第（2）列~第（4）列展示基于断点回归法（RD‑type）的回归结果，并逐次控制副城区、商圈的固定效应。

---

① 表 1.2 和表 1.3 主要来自截取了书中第二章中的表 2.6 的一部分，以此来展开居住特征和时间及区位特征的分析。具体的模型设定可参见后文。

表 1. 2　　　　　　　　特征回归：居住特征对房屋均价的影响

因变量：房屋均价的自然对数

变量	(1) OLS	(2) RD – type	(3) RD – type 控制副城区	(4) RD – type 控制副城区和商圈
房屋特征				
建筑面积	– 0. 002 *** (– 21. 416)	– 0. 002 *** (– 7. 768)	– 0. 002 *** (– 8. 801)	– 0. 002 *** (– 8. 198)
面积的二次方	0. 000 *** (14. 703)	0. 000 (0. 220)	0. 000 (0. 765)	0. 000 (0. 167)
房龄	– 0. 001 *** (– 7. 550)	– 0. 003 *** (– 8. 987)	– 0. 003 *** (– 10. 062)	– 0. 003 *** (– 9. 839)
精装修	0. 062 *** (34. 975)	0. 046 *** (13. 254)	0. 042 *** (12. 259)	0. 040 *** (11. 922)
朝南	0. 042 *** (22. 037)	0. 054 *** (15. 317)	0. 054 *** (15. 614)	0. 054 *** (15. 499)
低楼层	0. 031 *** (15. 238)	0. 024 *** (6. 249)	0. 024 *** (6. 422)	0. 024 *** (6. 456)
中楼层	0. 037 *** (19. 773)	0. 040 *** (11. 140)	0. 038 *** (10. 862)	0. 039 *** (10. 987)
小区特征				
电梯	0. 106 *** (35. 351)	0. 057 *** (7. 959)	0. 043 *** (6. 104)	0. 044 *** (6. 307)
板楼	0. 096 *** (39. 051)	0. 054 *** (8. 793)	0. 048 *** (8. 007)	0. 046 *** (7. 559)
二环以内	0. 233 *** (73. 885)	0. 129 *** (9. 688)	0. 008 (0. 527)	– 0. 035 * (– 1. 844)

注：* 、*** 分别表示在 10% 、1% 的显著水平显著。括号内为 t 统计量。

1. 3. 1. 1　居住特征：房龄、楼层、板楼、朝向、装修

　　由于表 1.2 中列（4）控制了最大限度的空间固定效应，其得到的估计结果相对其他列更为保守。从房屋特征来说，首先，住房面积对房价有负向的影响，住房总建筑面积的增加会降低每平方米的均价，每增加一平方米，

均价大约下降 0.2%，且这种影响从回归结果来看更倾向于是线性的影响；其次，住宅房屋年龄的增加会降低每平方米均价，较高的房龄意味着更大的折旧和增加的安全风险，此外，由于我国当下的住宅建设用地使用权为 70年，因而随着房龄的增加也意味着土地使用权年限的减小，总的来说每增加一年的房龄，会使得住房每平方米均价下降约 0.3%；再次，精装修会提高房屋每平方米均价约 4%，如果房屋朝向中有朝南的房间，那么均价会因此提高 5.4%；最后，相对地下室来说，非地下室楼层的房屋价格更高，高出的比例大约在 2%~4%。从小区特征来说，回归结果表明，如果房屋所在的住宅小区配备电梯，均价会因此高出 4.4%；如果住宅小区的建筑结构为板楼，那么均价将显著相对塔楼建筑结构的小区高出 4.6% 左右。

1.3.1.2 区位及时间特征：城区、环线、成交年份

表 1.3 显示空间位置特征导致的房价差异更为明显，在未控制副城区和商圈层面的空间固定效应时，二环周边及其以内的住宅，均价相对其他位置的住房超过 20%；在进一步控制了学区边界两侧的范围及其他层面的空间固定效应之后，这一差距不再显著。此外，表 1.3 还报告了不同交易年份住房成交的均价差异，以 2013 年为基准年，可以发现，2014 年总体的成交均价有所下降，2015 年成交均价与 2013 年没有显著的差异，而 2016 年房价显著上涨，上涨幅度超过 25%。

表 1.3　　　　特征回归：区位及时间特征对房屋均价的影响

变量	因变量：房屋均价的自然对数			
2014 年	-0.046 *** (-15.524)	-0.048 *** (-8.470)	-0.047 *** (-8.531)	-0.048 *** (-8.791)
2015 年	-0.012 *** (-4.536)	0.001 (0.278)	0.005 (0.927)	0.004 (0.853)
2016 年	0.250 *** (96.031)	0.283 *** (55.772)	0.286 *** (57.878)	0.287 *** (58.284)
主城区	控制	控制	控制	控制

变量	因变量：房屋均价的自然对数			
副城区	未控制	未控制	控制	控制
商圈	未控制	未控制	未控制	控制
常数项	10. 573 *** (1110. 441)	10. 427 *** (68. 630)	10. 594 *** (62. 461)	10. 698 *** (41. 498)
观测值个数	99 545	19 224	19 224	19 224
R – squared	0. 474	0. 629	0. 649	0. 654

注：*** 表示在 1% 的显著水平显著。括号内为 t 统计量。

1.3.2 公共资源在房产上的附着

1.3.2.1 优质教育资源在房价中的溢价

影响房屋价格的公共资源中，最主要的应该是大中城市中的教育资源——义务教育入学资格的分配。以北京市为例，北京市现行义务教育阶段入学规定可追溯至 1986 年《中华人民共和国义务教育法》的颁布。2018 年修正后的《中华人民共和国义务教育法》第十二条明确规定"地方各级政府应当保障……就近入学"。

1993 年，北京市教育局发布了《关于小学毕业生升入初中的暂行规定》，提出取消区县统一组织的小学毕业考试，规定小学毕业生升入初中需在规定区域就近入学，同时可以存在一定比例的"保送"和"推荐生"。这一政策转变使得小升初从"以分择校"逐渐转向以"户口"择校和以"素质"择校，为了让孩子进入优质学校，家长开始转而购买"学区房"，通过进入优质初中的对口小学达到升入优质初中的目的；同时，各类针对保送生和推荐生名额的特长班、奥数班也应运而生。

2014 年 1 月，教育部印发《关于进一步做好小学升入初中免试就近入学工作的实施意见》，提出地方各地教育行政部门和公办民办学校均不得采取考试方式选拔学生。同年 2 月，教育部办公厅印发《关于进一步做好重大城市义务教育免试就近入学工作的通知》，要求北京在内的 19 个大城市所有县（市、区）实行划片就近入学，小学阶段就近入学率达到 100%，初中就近入学率达到 90%。同时，北京市教委 2014 年工作要点中指出，北京市将进一步推动入学制度改革，坚持义务教育阶段免试就近入学，推广学区制和九年一贯制对口入学。

根据 2018 年《北京市教育年鉴》，2016 年北京市共有初中 341 所，小学 984 所。其中，初中在校人数 26.83 万人，本市户籍 18.30 万人，小学在校人数 86.84 万人，本市户籍 53.63 万人。但北京市全市不同区域、不同学校之间教育差距依旧存在。以海淀区和朝阳区为例，根据中国指数研究院数据，北京市海淀区共有学区 17 个，小学 104 所，中考 550 分以上人数占比约 25%；朝阳区有学区 15 个，小学 122 所，中考 550 分以上占比仅为 14%。

教育质量差距的存在，加之"小升初"免试入学、对口直升及九年一贯制等规定的推进，家长的择校行为开始向前期"幼升小"转移。

"幼升小"与户籍的明确挂钩，促使一大部分适龄儿童家长购买重点小学片区的房屋，俗称"学区房"。北京市"小升初"和"幼升小"免试就近入学的大力推行，将义务教育资源的分配同户籍紧密挂钩，推高了众多优质小学划片范围内的房屋（学区房）价格。学区房价水涨船高，其中教育溢价究竟有多大，是本书试图解决的问题之一。

此外，在现行基础教育入学制度下，学区房中的教育溢价及其不断上涨成为公众关心的重要民生问题。出于维护教育公平的考虑，2017 年 3 月，配合一系列的房地产调控政策的出台，北京市教委 3 月 25 日发布《2017 年义务教育阶段入学工作意见》，明确提出"单校划片"和"多校划片"相结合的入学方式，以缓解学区房价的不断上涨。这一系列政策的变动影响了北京市不同城区基础教育入学划片的规则，进而引发了相应的产价格的变动。地产价格的变动中有多少源自教育部门政策的调整，调整的幅度有多大，以及不同城区之间政策实施的差异给教育溢价带来了哪些影响，也将是本书主要探讨的问题。

1.3.2.2 空气质量对房价的影响

近年来，中国的城市化飞速发展，由此带来的空气污染问题也越来越引发人们的关注。据统计，中国城市化率从 1982 年的 20.43% 上升至 2016 年的 57.35%，城镇常住人口达到 7.9 亿人。伴随着人口的聚集，人均机动车保有量和燃料的消耗量逐年攀升：城镇居民平均每百户家用汽车拥有量从 2000 年的 0.5 辆上升至 2016 年的 35.5 辆，生活汽油消耗总量从 2000 年的 227.6 万吨上升至 2015 年的 2 593.1 万吨。[①] 这无一不在加重城市生态环境的压力。空气污染会危害人类健康、损坏文物建筑、降低能见度，严重影响城市的宜居程度和居民的生活体验。但对空气污染影响的经济代价一直难有精确的量化衡量。房地产市场可以为优质空气溢价的研究提供一个切入角度。

同样以北京市为例，作为国家大气污染监测网的一部分，北京市从 2013 年 1 月开始实时发布 $PM_{2.5}$ 和另外五种污染物的浓度数值。[②] 据北京市环境保护监测中心网站介绍，北京市空气质量自动监测系统由 35 个监测点位组成，其中包括 23 个城市环境评价点，评估城市环境下空气质量的平均状况与变化规律；1 个城市清洁对照点，反映不受当地城市污染影响的城市地区空气质量背景水平；6 个区域背景传输点，用以表征区域环境背景水平，并可反映区域内污染的传输情况；5 个交通污染监控点，用以监测道路交通污染源对环境空气质量产生的影响。

北京市环境保护监测中心每日公布实时检测数据，另有北京市环境状况年度公报公布北京市分区空气质量年度数据。以往有关空气质量和房价的研究多关注城市水平的数据，考察全国范围内不同城市的空气质量和房价的关系。实际上，同一城市内部的空气质量也存在显著差别。以北京市为例，北京市以 $PM_{2.5}$ 浓度衡量的空气质量南北差异十分明显，位于北部、西北部的生态涵养发展区明显好于其他区域。地域层面的差异使得依据不同地区房地产市场成交价格来估计空气质量对房价的影响成为可能。

本书基于北京市 2014～2016 年空气质量和二手房交易的微观数据，研究空气质量对房价的影响及其异质性。实证结果显示，在控制了天气、房屋、时间、空间特征及其交叉项后，成交前 45 天优质空气每减少一天房价下降 0.1%～0.3%。此外，优质空气具有"奢侈品"和"年轻化"属性，财富较多和较年轻的家庭为优质空气支付了较高的价格。本书研究得到的结果有助

---

① 数据来源：国家统计局、CEIC。

② 根据北京大学统计科学中心和北京大学光华管理学院 2017 年 3 月发布的《空气质量评估报告——北京地区 2013–2016 年区域污染状况评估》。

于在社会经济发展的背景下估计空气质量的影响及其变化，为相关政策的制定提供参考。

1.4　宏观分析：房地产在宏观经济中的角色及影响

1.4.1　房地产及其相关行业的带动作用

房地产及建筑业因其产业关联度高而成为政府刺激市场、稳定经济的首选政策对象，2008 年，我国提出进一步扩大内需、促进经济增长的相关措施①。从投入产出表出发建立一般均衡模型，本书充实了中国现有的产业关联研究，并给出了产业政策带动效应的对比分析，在有产业关联和无产业关联的情况下，校准模拟政府支出乘数，得到的结果显示，产业关联的存在有助于扩大政府产业政策的实施效果，同时能够缓解政府干预下价格扭曲带来的社会总福利损失。这一研究结果具有丰富的现实意义。在经济下滑的调整阶段，特别是在整体经济遇到外部冲击的时期（如全球金融危机），市场有效需求不足，需要政府政策的干预和刺激来稳定经济增长。而当政府进行投资具体领域的决策或指定各类产业政策时，就不仅需要考虑该产业的公共属性以及是否有助于提高长期经济增长潜力，而且需要综合考察该产业同其他经济部门的关联情况。本书研究显示，政府投资具有较强产业关联的部门不仅有助于提高政策效果，而且有助于缓解政府干预对社会福利带来的损失。

在此基础上，进一步以地产相关行业为切入点，基于投入产出表搭建两部门模型，分析地产及建筑业在宏观经济调控中的带动效应，并基于区域房价的变动，对劳动力的区域流动展开讨论。

---

① 本书研究主要关注于政府对特定产业的支持政策及其中产业关联的作用，有关货币政策的影响及与产业政策的相互作用可作为进一步的研究方向。

1.4.2　区域房价对城市人口分布的影响

城市内部的人口分布受到收入和支出两个方面的影响。从收入方面来说，如果某一区域有较多的产业集聚，能够提供充足的就业岗位，那么相应地这一区域的人口分布就会相对密集，收入也会较高。但从支出方面来说，较高的人均收入会相应地推高这一区域的物价，包括住房成本，因而相应地意味着较高的生活成本。因此，劳动力对成本和收入两方面时的抉择，体现为宏观层面某一区域人口的流进或者流出、聚集或者疏散。

这其中，住房成本是城市人口尤其是城市中的流动人口所面临的最大的生活支出。因此，劳动力流向与房屋价格密切相关。尤其是对流动人口来说，住房成本的高低将直接影响其居留选择。仅就城市内部来看，流动人口有可能成为城市新的定居者，而定居在何处则需要考虑到通勤、环境及家庭财富等方面，房屋售价和出租价格的差异会带来城市劳动人口分布的区域分化。北京市作为我国的首都，具有人口流动大、房屋均价高等显著特征，成为研究的重点对象。

城镇化进程中，劳动人口流动与城市诸多部门相关，也涉及居住、通勤、城市中心功能调整；此外，新冠疫情余波仍在，突发公共事件对劳动力的冲击及其应对手段有效性的评估迫在眉睫。本书将在宏观分析的第二部分，从时间和空间两个维度，给出劳动力区域之间和区域内部流动的趋势及波动，考虑到 2020 年新冠疫情的暴发给城市人口分布带来的冲击，研究结果将有助于相关部门进行针对性调整，也有助于区域之间的发展协调。

1.5　本书的篇章结构

综合以上两点，本书接下来将从宏观和微观两个角度出发，试图回答以下两个问题：

（1）微观层面来说，优质教育、空气质量等公共资源是否并在多大程度上影响了房屋的价格？

（2）宏观层面来说，房地产相关行业及区域房价将在整体经济中起到怎样的作用？

本书的章节安排如下。

上篇为微观证据部分，其中，第 2 章介绍本书研究采用的数据概况，第 3 章、第 4 章和第 5 章从微观角度出发，评估公共资源对房屋价格的影响，分别介绍了本书收集整理的数据、采用的估计方法及对文献的贡献，并展示实证归回结果。其中，第 3 章估计优质教育在房屋价格中的溢价，第 4 章估计教育改革政策的实施效果，第 5 章计算优质空气质量对房屋价格的影响。

下篇为宏观分析部分，其中，第 6 章从宏观角度搭建模型，分析产业关联在政府刺激政策下起到的带动作用，为此求解了简单两部门模型解析解，并进一步对拓展模型进行校准和数值模拟以展示分析结果。第 7 章展示区域房价与人口分布之间的相关关系，并引入突发事件的冲击，分析冲击下人口分布与住房成本之间的相关关系。第 8 章给出本书的主要结论。

上篇

微观证据

第2章　房地产微观数据概况

本章将介绍本书研究中采用的所有数据。其中主要数据分为两个部分：第一个部分是房地产市场二手房成交和租房数据，第二部分是为了其他相关领域比如空间特征、基础教育、空气质量和人口分布等问题而配合收集的数据。

2.1　房地产交易数据概况

为了展开对北京市住房市场的研究，我们从"链家网"收集整理了2013年1月至2016年12月的二手房成交和租房成交数据，并限定样本在北京市城六区（东城、西城、海淀、朝阳、丰台、石景山）。由于中心城区近年来很少有新楼盘，因此，基于城六区二手房市场交易数据的分析基本涵盖了我们的分析需求。经过整理共得到二手房成交数据近14万条，租房成交数据近16万条。

为了评估本书数据集的代表性，本节先绘制了其2013~2016年的二手房成交量及其相应的市场份额。市场份额的计算方法是将样本数据的年度总成交数比上《北京市房地产年鉴》公布的二手房成交总数。不论是绝对数量还是市场份额，样本数据机构在2013~2016年都有交易增加的趋势。

图2.1显示了数据在2013~2016年的时间范围内，数据来源中介机构在北京市的房地产交易业务在逐步的扩展。图2.1中柱状图表示经由该中介机构的总的交易数量，实心连线对应左侧坐标轴，代表机构交易量占总量的比

例。从图2.1中可以发现，从2013年开始，经由这一中介的交易数量在2014年略有下降，在2015年之后又有所上升，至2016年达到了10万余条。此外，市场份额逐年攀升，到2016年市场份额超过了50%。

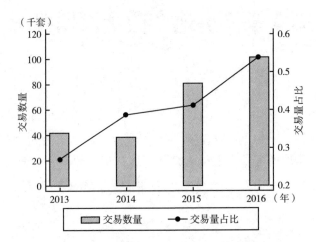

图2.1　2013～2016年度二手房成交总量及相应市场份额

资料来源：市场成交总量来自对应样本期间《北京市房地产年鉴》公布的二手房成交总数。

图2.2显示了我们对样本数据中房价增长数据与官方房价增长数据的进一步比对。根据样本数据，我们将各月房价与上年同月房价相比，计算出住房价格的同比增长率，而官方的住房价格来自国家统计局公布的北京市房价

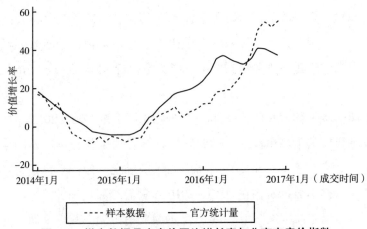

图2.2　样本数据月度房价同比增长率与北京市房价指数

注：实线代表国家统计局公布的北京市房价指数，虚线代表依据样本数据得到的月度同比房价增长率。

指数。图 2.2 中，实线为国家统计局官方公布的房价指数，虚线为依据样本数据计算得到的价格走势。由图 2.2 可知，这两条序列趋势相近：均在 2014 年呈现增长率逐渐下降，到 2015 年为增长率低谷，此后房价增长呈现上升的态势。当然这两条序列并非完全一致，原因之一在于统计局计算的北京房价指数还包括了新房房价变化。不过总体看来，本书研究采用的样本数据交易量较大、市场份额较高，价格走势与整个市场的表现接近，因此，可以认为其对北京市二手房市场有较好的代表性。

本书收集到的房地产交易数据中包含着微观住宅交易的各类信息，例如，真实的成交价格：二手房交易数据中的价格信息囊括了出售价格、挂牌价格等，而租房数据中包括房屋总的出租总价和出租面积，此外还包括了一些住宅的居住特征，如住房的建筑面积、建筑年份、装修程度、相对楼层、建筑总楼层、卧室和客厅数量等，还有房屋买卖双方的特征，如年龄、性别、出生省份等。

2.2　其他相关微观数据概况

在第一部分数据的基础上，先对北京市区域空间信息特征进行补充。也就是根据房屋所在小区的地理位置，补充了房屋附近最近地铁站及其距离、所在城区、环线及更为细致的商圈划分等周边特征，并酌情添加周边公园、医院的距离等公共设施信息。

在以上数据集的基础上，首先对住宅的居住及区位特征展开定价分析；其次匹配基础教育信息、周边空气质量情况，以对公共资源在住房上的附着展开量化评估；最后结合区域人口分布数据，对人口的分布与住房成本之间的相关关系、疫情冲击下人口分布的变化展开讨论。

2.2.1　基础教育信息

在补充基础教育入学信息之前，先区分优质小学和普通小学，这就需要建立区分优质学校和普通学校的标准。学生的考试分数、升学率以及家长对学校满意度和学生主观的幸福感都曾被用于评估学校质量。不过，就中国具体的国情而言，其中尤其是北京市在实施九年义务教育阶段取消了小升初全市联考，因而不再具有全市范围内统一的可用于判断小学质量的标准考试成绩，只能另寻评估学校质量的途径。此外，需要说明的是，根据国家统计局的统计数据，2015 年全国城镇小学有 26 049 所，其中 92%（23 930 所）为公立学校。因此，本书将专注于研究公立学校的分类。

《中华人民共和国义务教育法》① 第二章第十二条规定了学龄儿童"就近入学"的原则。北京市对这一原则的实施相当严格。北京市义务教育委员会负责监督取消入学考试和"就近入学"的实施情况。这一原则下，北京市每处住宅房屋都被划入了特定小学的招生片区。② 但显而易见的是，不同的片区对应的小学质量并不相同。通常意义上我们称作"学区房"的那部分住房，特指被划分到优质小学招生片区的住房，而划分到较为一般小学的住房，在本书中被称为普通住房。在区分两类住房之前，先对小学的教育质量进行划分。

区分优质学校和普通学校，可以参照始建于 20 世纪 50 年代的"重点学校"体系。彼时，北京市教育委员会指定了 40 所市级"重点"小学以突出其优质的教育质量。后来为确保教育机会的公平性，这一划分被官方取缔。然而，市级和区级重点小学的评判继续以非正式的方式进行。本节将北京质量较好的基础小学称为"优质"学校，并试图建立优质小学的名单。鉴于较多的优质小学和二手房成交集中于北京市城六区③，本章将样本限制于以下城六区：东城、西城、海淀、朝阳、丰台和石景山。

一般意义上的学区房指的是对口小学为优质小学的房屋。随着经济和社

---

① 依据 2021 年《中华人民共和国义务教育法》：https：//www. gov. cn/guoqing/2021 – 10/29/content_5647617. htm.

② 2017 年 3 月教改新政颁布（参见本书 4.1 节），朝阳区开始率先允许一间住宅对口多所小学，通过随机分配的方式确定最终的入学资格，以缓解学区房价上涨引发的有关教育公平以及房市飙升的讨论。因此，每间住宅对口的学区不再是一对一的。但目前我们的样本范围内这一问题并不普遍。

③ 全市高达 73% 的二手房住房交易位于此城六区，并且由于中介门店较多分布在中心城区，城六区的数据质量也较高，住宅相关信息较为完善。

会的迅猛发展，20 世纪 50 年代的"重点小学"的评级体系已经不足以反映小学教育质量的现状，因此，本书分别采用北京市房地产中介机构以及常用的小学信息查询网站获得了三个不同来源的优质小学列表。在此基础上，我们对这三个优质小学列表取交集，得到北京市城六区 489 所小学中教学质量口碑最高的 59 所小学为"优质小学"参与后续的实证研究。为避免歧义，本书将上述 59 所优质小学对应片区内的住宅称为优质学区或学区房，并称其余住宅为普通学区或非学区房。

具体来说，为了评估北京市小学的教育质量，本书从以下三个来源收集其各自的优质小学列表：房产中介 A 也就是住房交易数据的来源中介，我们从其网站收集到 2016 年所列的优质小学列表、北京市第二大房地产中介机构 B 所列的优质小学、常用的学校信息查询网站及论坛 C。如果某一小学在三个名单中同时出现，就将其确定为优质学校。表 2.1 列出了三个来源（A、B 和 C）各自列表中的优质小学数。根据这三个列表取交集，最终在北京市城六区的 489 所小学中得到 59 所小学的重点小学名单。

表 2.1　　　　　　　**不同来源公布的北京市重点小学数量**　　　　单位：所

来源	重点小学数量	市重点	区重点
A	117	未区分	
B	122	39	83
C	223	80	143

注：房产中介 A 并未区分市级和区级重点，最终优质小学名单等于三个列表的交集，也就是 $N(A \cap B \cap C) = 59$（所）。

在确认了以上优质小学列表之后，以下三个步骤用于确定某一小区及其范围内住宅是否在重点小学招生片区内以及学区边界是否经历过变动。

每年上半年，北京市公立小学都会发布学校的招生简章，一般是纸质版张贴在相应片区的公告栏，列出其招生的片区包含哪些住宅小区或楼盘。通过学校信息网站或者家长论坛等多种渠道，本书收集了优质小学在 2013 ~ 2016 年的招生简章的照片并将其分年度文本化，之后将优质小学简章中出现的招生片区范围与样本数据中成交房屋所在的小区或楼盘相匹配，就可以确定某处房屋在出售时是否被划入了优质小学的招生片区。最终，本书在 2013 ~ 2016 年收集了约 200 所重点学校的 596 份招生简章，统计详情见表 2.2。

表 2.2 　　　　　　　各年份收集到的重点小学招生简章个数　　　　　　单位：份

简章年份	2013	2014	2015	2016
所收集到简章数量	130	151	187	128

优质小学招生范围的匹配涉及了以下三种方法。

（1）名称匹配：直接根据招生简章中出现的住宅小区名称同二手房数据中出售的小区名称匹配，如果能够完全匹配成功则确立了入学对应关系。

（2）地理位置核对：当数据中出现的小区名称与招生简章中的小区名称相似但不完全相同时，会进一步通过在地图上判断这两个小区的地理位置是否重合，主要利用的是两个小区名称在百度地图中检索出现的经纬度，如果经纬度基本重合则判定为同一住宅小区。

（3）电话核实：如果以上两种方法都不能够完全确定招生片区和住宅小区之间的对应关系，那么通过逐一与房地产代理中介进行电话核实等办法，检查两个小区是否指代同一小区。

经过以上三个步骤，59 所优质小学每学年对应的招生片区即可与数据中当年有过交易记录的小区建立对应的入学关系，这些小区在当年成交的房屋就被称为优质学区房；而其他未能获得优质小学招生匹配的成交房屋，则被归为普通住房。这样，就可以获得优质小学与住宅小区之间按年度划分的较为精确的匹配关系。

2.2.2　空气质量数据

北京市从 2013 年 1 月开始实时发布 $PM_{2.5}$ 和另外五种污染物的浓度数值。[①]

据北京市环境保护监测中心网站介绍，北京市空气质量自动监测系统由

---

① 北京大学统计科学中心和北京大学光华管理学院：《空气质量评估报告——北京地区 2013 –2016 年区域污染状况评估》，2017 年 3 月。

35 个监测点位组成，具体包括：23 个城市环境评价点，评估城市环境下空气质量的平均状况与变化规律；1 个城市清洁对照点，反映不受当地城市污染影响的地区空气质量背景水平；6 个区域背景传输点，用以表征区域环境背景水平，并可反映区域内污染的传输情况；5 个交通污染监控点，用以监测道路交通污染源对环境空气质量产生的影响。

　　北京市环境保护监测中心每日公布实时检测数据，另有北京市环境状况年度公报公布北京市分区空气质量年度数据。以往有关空气质量和住房价格的研究多关注城市水平的数据，考察全国范围内不同城市的空气质量和住房价格的关系。实际上，同一城市内部的空气质量也存在显著差别。以北京市为例，图 2.3 展示了北京市城六区 2014～2016 年 24 小时 $PM_{2.5}$ 平均浓度的分布情况，并以黑色圆点标记出位于城六区的监测站地理方位。其中地图上颜色越接近深色意味着该地区 $PM_{2.5}$ 平均浓度越高，可以看到，北京市以 $PM_{2.5}$ 浓度衡量的空气质量南北差异十分明显，位于北部、西北部的生态涵养发展区明显好于其他区域。

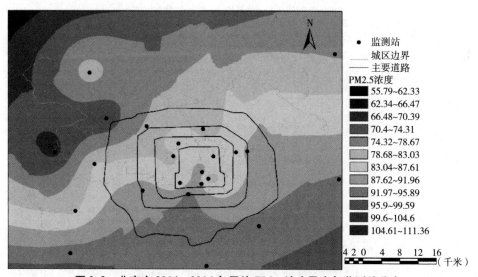

图 2.3　北京市 2014～2016 年平均 $PM_{2.5}$ 浓度及空气监测站分布

　　注：图中背景颜色代表区域空气中的 $PM_{2.5}$ 浓度水平，黑色圆点为监测站位置[①]。

----

① 现更名为北京市生态环境监测中心：http://www.bjmemc.com.cn/。

　　与此同时，北京市空气质量的变化还呈现出显著的季节特征。图2.4为北京市 $PM_{2.5}$ 三年的月度走势。从图2.4中可以发现，各年份的污染物浓度的走势存在着一些差别，但基本上在当年10月至次年3月期间污染物浓度较高，而从4月开始，污染物浓度就开始下降，并在较低的水平一直持续到9月份。也就是总体而言，呈现出秋冬两个季节（10月至次年3月）空气质量较差、春夏二季（4~9月）空气质量较好的季节特征。

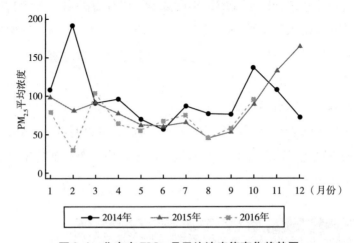

图2.4　北京市 $PM_{2.5}$ 月平均浓度值变化趋势图

　　从图2.3和图2.4的数据证据中我们发现，即便是在同一城市，在不同区域或者不同时间段下，空气质量的差异依旧存在。那么同一城市内部在不同区域和不同时间段内成交的房屋，及其相应看房过程中的空气质量也就会存在显著差别，这种空气质量差异的存在为我们提供了评估城市内部优质空气质量溢价的机会。

2.2.3　区域人口分布数据

　　本书中主要的人口分布热点数据来自腾讯大数据"宜出行"。我们从"宜出行"收集到2020年1月及2020年5月工作日晚上九点的活跃热点数据。"宜出行"来源于腾讯位置大数据服务，基于腾讯系列产品的庞大用户基数，记录了腾讯QQ、微信、空间、游戏和网页等腾讯产品总计超过10亿人次的活跃用户实时位置，可以反映相应区域的人口空间分布情况（Chen et al.，2017）。之所以采用工作日晚九点，是考虑到这一时间段一般为人们结束一天工作后的个人时间，相对工作日的白天或者周末更能够反映出人们的居住而非工作或休闲的区域。此外，这一时间段用户对电子产品的使用也比较活跃，数据更具有代表性。①

---

① 由于大数据收集用户可能不完全等同于劳动力，不过我们主要关注于劳动力的相对分布，可将其作为人口分布的代表，并不对劳动力和人口进行严格区分。

第3章　教育资源对房价的影响

自古以来，安居都是重大的民生需求，改革开放几十年来，伴随中国经济的高速增长，房地产的价格也随着不断攀升。仅在 2003 ~ 2013 年，中国一线城市实际平均房屋价格的增长率高达 13%，这相当于在 11 年间翻了 4 倍（Fang et al.，2016）。房屋售价的上涨同时也带动了租金的增长，以 2018 年为例，我国人均居住消费支出为 4 647 元[①]，占据人均消费支出的 23.4%。一方面，不断增加的房屋价格可以促进城市房地产业的蓬勃发展，并给拥有住房的家庭也就是已购房者带来正向财富效应。另一方面，房价的上升也增加了租房者和年轻的购房者的住房负担，迫使高端劳动力从高房价城市迁出（Jeanty，Partridge and Irwin，2010），还会通过以下几个途径影响城市竞争力：其一，高房价会导致企业利润率与全要素生产率"倒挂"而阻碍房地产业之外的其他行业的发展（陈斌开、金箫和欧阳涤非，2015）；其二，高房价企业的投资重心发生转移，减少企业的研发投入，抑制了企业创新（Miao and Wang，2012）；其三，高房价会诱使大量投机资金涌入，挤占对实体经济的投资（Zhao，2015；Chen and Wen，2017）。面对高房价这一社会公众和学界持续关注的热点问题，2016 年以来国家提出要坚持"房子是用来住的、不是用来炒的"的定位，表明政府更加强调房屋的居住属性。

除了提供基本生活功能以外，住房还提供了获取所在区域公立基础教育资源的功能。改革开放以来，我国教育回报率的提高和居民收入差距的扩大，使中国家长越来越希望避免子女"输在起跑线上"。为确保孩子未来在社会

[①]　数据来自国家统计局。

阶层中有较好的地位，家长愿意加大对孩子基础教育的投资（Doepke and Zilibotti，2019）。除了课外辅导和教材支出等直接教育支出以外，通过购买"学区房"让子女获得优质基础教育成为家长加大对子女投资的主要形式。这主要是由于中国优质教育资源地理分布不均、基础教育采取的"就近入学"政策中的"近"主要是以孩子户口所在地来决定，而子女户口往往又和家庭在某一区域内的房屋所有权挂钩。为了使子女可以到优质小学就读，家庭尽其所能选择在优质小学学区内买房，这就使那些被划入优质小学招生片区的房产因其附加的教育资源而存在溢价。

如果购买学区房带来的巨大入学成本会阻碍家庭接受优质的基础教育，那么就可能进一步加剧社会阶级固化（Zhang and Chen，2018），因此，研究教育资源对于学区房价格的影响有着重要的现实意义，各国纷纷展开对该领域的研究。

要想精确估计学区房价格中蕴含的优质教育溢价，主要面临的挑战是：学区房和非学区房的平均价格差并不能被直接认定为优质教育溢价。这是因为，两种住房平均价格之间的差异，一方面包含了教育溢价；另一方面还包括了其他影响房价的社区因素。例如，一些学区房处在城市交通便利、生活方便的社区，其平均基本居住功能可能较非学区房更好，因此，采用平均价格差来估计学区房溢价可能高估该溢价；但与此同时，另一些学区房处在较为老旧的社区，其装修、设施可能较为破旧，其居住功能会比新建的非学区房差，因此，此时平均价格差又会低估学区房溢价。为解决这一内生性问题，布莱克（Black，1999）提出用边界断点回归法（boundary discontinuity design）来剔除社区因素，以研究美国教育质量对于房价的影响。该研究发现，学校的学生成绩每上升5%（1个标准差），对应学区内的房价上升约2.1%。当然，单纯控制学区房所在社区，并不能完全控制社区因素，还需要考虑社区居民素质的差异，也就是说，在某些社区内，学校教育质量的提高也可能是由于家长教育程度高所导致。进一步的研究（Bayer，Ferreira and McMillan，2007）的研究在布莱克边界断点回归模型的基础上，进一步控制了相应社区的人口学特征，随后发现，学生成绩提升虽然提升了对应的住房价格，但此时价格的上升幅度还不到1%。此外，基于英国数据发现教育溢价在3%左右（Gibbons and Machin，2003、2006；Gibbons，Machin and Silva，2013)，同时，学校越好对应教育溢价越大；则分别基于法国和澳大利亚数据发现高质量教育溢价在2%和4%左右（Fack and Grenet，2010；Davidoff and Leigh，2008)。[①]

中国教育资源与房价之间的关系也是研究关注的热点。其中，冯皓和陆铭（2010）采用2003~2007年上海52个区域二手房成交单位面积均价的月度数据，以其间三次"实验性示范性高中"命名的自然实验来估计教育质量的外生变动对房价的影响，他们发现，每增加一所重点中学会带来片区内平均房价上升20%；胡婉旸、郑思齐和王锐（2014）收集了2011年秋重点小学周边小区的二手房平均房价和租金数据，根据"租买不同权"的政策特征，采用配对方法估计出北京市重点小学区溢价为8.1%。基于2015~2016年上海市房屋成交数据发现，竞赛成绩排名前10%的优质小学溢价约在14%（Chan et al.，2019)。可能是囿于数据可得性，现有研究仍然遗留一些值得关注的问题。例如，现有研究评估了特定时间段的学区房溢价，但是没有讨论该溢价是否会随时间发生变化。又如，除了冯皓和陆铭（2010）关注了由自然实验带来的外生变动对房价的影响以外，其余研究则因为研究样本跨度时间比较短而不考虑优质小学名单和对应的学区在样本期内的变动。但是，如果拉长时间跨度，就会看到优质小学名单和学区边界会因为种种因素发生变动，例如，近年回龙观住宅区由于是较多互联网企业员工等高技能人群聚集地，其后代子女因成绩优秀纷纷升入优质中学，其对口的小学也因此实现了升学率等教育质量的提升，成为人们心目中新晋的优质小学。这样，就出现了这种子女将父母购买的住房"考成学区房"现象。如果没有合理刻画这些变动，在估计中会存在遗漏变量的问题。

3.1 "学区房" 缘起

伴随着中国经济的快速增长，优质教育的溢价也逐渐凸显。为评估中国

---

① 有关学区溢价估计详细的文献综述可参见 Black and Machin（2011）和 Nguyen - Hoang and Yinger（2011)。

城市中优质基础教育资源的价值，本章基于 2013～2016 年北京市二手房交易数据和租房成交数据来推测人们对优质教育质量的支付意愿。

关于学校质量与住房价格之间的实证研究大多集中在发达国家（Black，1999；Figlio and Lucas，2004；Gibbons and Machin，2006；Fack and Grenet，2010；Gibbons，Machin and Silva，2013；Machin and Salvanes，2016），对中国等发展中国家的研究并不多（Zheng，Hu and Wang，2016；Chan et al.，2017）。

伴随着中国过去几十年经济和收入的高速增长，中国城镇房屋的价格也水涨船高。有证据认为，2003～2013 年，北京房价年均实际增长率约为 13%（Fang et al.，2016），即房屋价格在 11 年内翻了两番。传统观点认为，儒家思想、高教育回报率（Meng，2012；Zhang et al.，2005）以及中国的收入差距现状（Xie and Zhou，2014）导致了中国父母对孩子的早期教育尤为重视，也由此推高了大型城市学区房的价格。

改革开放之后，城镇中优质学校招生一度以成绩为标准，并有专门的名额可通过缴纳"择校费"入学。但随着优质小学入学"择校费"的上涨，日益严重的教育不平等引发了公众关注，为缓解这一状况，教育部出台"就近入学"原则指导中小学校招生，之后，这一原则被写入《中华人民共和国义务教育法》。①

仅以北京市为例。依据"就近入学"原则，北京市各公立小学需要划定本校的招生片区，意味着适龄儿童将直接获得居住地（户口所在的房屋）对应片区小学的入学资格。从这种意义上讲，北京市所有的住宅房屋皆可以被称为学区房。然而，由于小学之间的质量差异并未发生变化，即使每个房屋都被分配到了附近的某所小学，被分配到优质学校的房屋依旧更容易受到家长们的青睐，加之只有房屋的产权拥有者才能获得子女入学的资格（租房者

---

① 这一政策的提出在提高教育公平的意图以外，还包含其他考虑，例如，减轻幼儿学习负担和竞争压力等。

并不能享受入学资格①），被划分到优质小学的房屋价格在住房市场被"望子成龙"的家长们一路抬升，成为人们普遍口口相传的优质学区房（为避免混淆，以下我们将这类优质学区房简称为学区房，优质小学的对应入学片区称为优质学区，被划分到一般小学的房屋则称为普通住房，对应片区称为普通学区）。那么，"就近入学"的学区政策是否真的达到了"教育公平"的目的，还是变向将优质教育价值附加于对应学区的房价之中？为了评估政策的有效性，通过分析住房市场中不同学区房的价格差异得到优质教育的溢价估计，本章试图回答这一问题：中国家长究竟愿意为优质学校的入学资格支付多少？

为了得到优质教育资源的价值估计，需要将入学资格与另外两个也可能导致学区房价较高的因素区分开来："社区效应"（neighborhood effect），又称"筛选效应"（sorting effect）；"投资效应"（investment effect）。其中，西方现有文献主要集中于解决第一类"筛选效应"：由于社区学校由社区产权税资助，使得优质学校往往位于较为富裕的社区，富裕社区会进一步吸引更多重视教育、较为富裕的家庭居住，如此相互加强。因而购买学区房可能不仅是为了子女受到良好教育，也是为了拥有更好的社区环境。因此，如果不能充分控制邻里、社区的特征，往往会导致高估学校教育的溢价。

另一个需要考虑的因素本书称其为"投资效应"，这一效应在中国的大中城市中尤为明显。在北京、上海这样的大城市，住房既是消费品，又是重要的投资品。随着城镇化进程的加快，旧城的拆迁、新城的建设加之学区政策的变动，导致学区边界随着时间的推移不断扩展和变化，而这类变化极有可能被拥有"内部消息"的投资者获悉。② 因此，投资者可以通过事先购买

---

① 2018 年，北京市教委首次在小学入学政策中规定，稳妥实施北京户籍无房家庭在租住地入学的办法。但这一政策规定的落实还需要时间，并且租房者入学资格的获取还需要满足其他的相关条件。比如，2021 年，北京市海淀区租房入学政策为："本市其他区户籍无房家庭，长期在海淀区工作、居住，符合在海淀区连续单独承租住房并实际居住 3 年以上、在北京市住房租赁服务平台登记备案、适龄儿童法定监护人一方在海淀区合法稳定就业 3 年以上等条件，适龄儿童方可在海淀区接受义务教育。"

② 有关学区变动证据可参加学校招生简章、新闻报道等，如 http：//www. xinminweekly. com. cn/News/Content/3623.（2018/02/23）。

普通住房，在其被划归为学区房后出手，赚取其中因入学资格导致的差价。在这种情况下，普通住房的价格也可能被提前抬高，忽略这种投资行为将低估优质教育资源在房价中的溢价。

现有文献更多关注"筛选效应"而非"投资效益"，较可能的原因是发达国家中学区边界的变动并不常见。布莱克（1999）提出的边界断点回归法（Regression Discontinuity，RD）目前被广泛用于解决"筛选效应"（Black 1999；Gibbons and Machin，2003、2006；Davidoff and Leigh，2008；Gibbons，Machin and Silva，2013；Fack and Grenet，2010；Dhar and Ross，2012），这种方法将回归样本限定于学区边界一定范围内的房屋，边界两侧邻里社区的特征较为连续、变动不大，而两侧房屋的对口学校不同，以此控制社区特征，识别学校溢价的大小。[①] 关于这一领域的研究目前已有详细的综述文章（Black and Machin，2011；Nguyen – Hoang and Yinger，2011）。

布莱克认为边界断点回归法应用的关键假设是学区边界两侧房屋特征仅在学校质量这一维度上存在不连续的变动，布莱克指出，这一假设适用于其所采用的数据，但基于北卡罗来纳州的数据发现，学区边界两侧的社区和住房特征也存在不连续的差异（Kane，Riegg and Staiger，2006）。如果将布莱克的方法与住宅选择模型的简化形式（a reduced – form residential choice model）相结合（Bayer，Ferreira and McMillan，2007），就可以一定程度区分对好社区和对好学校的不同偏好。他们发现，即使将样本限制在学区边界 0. 10 英里（约合 160 米）的范围内，精确控制社区人口等社区特征也将使得房价差异减少约 50%。[②]

因此，要在中国应用边界断点回归法，还需要对这一前提假设进行评估。

---

① 文章发现，父母愿意为子女考试成绩 5% 的增长多支付 2.5%，远远低于不采用断点回归法得到的结果。Fack and Grenet（2010）以及 Gibbons，Machin，and Silva（2013）进一步扩展了断点回归法，将房屋同边界另一侧计算得到的参考房屋或相同属性的房屋匹配。Fack and Grenet（2010）发现成绩每上升一个标准差，房价上涨 1.4% ~2.4%，Gibbons，Machin，and Silva（2013）则发现学校表现每提高一个标准差，房价上升约 3%。在本章研究的样本期间，租房者还不能够获得相应片区的基础教育入学资格，因而在后续行为中我们的研究前提将默认租房者不能获得入学资格，仅房屋所有者才能够获得相应的入学资格。

② 将精确的社区人口特征纳入控制变量进一步降低了断点回归法得到的教育溢价估计，下降幅度约为 50%。

也就是考察学区边界两侧房屋特征是否仅在学校质量这一维度上存在不连续的变动，而中国的特殊入学政策恰恰能够为这一方法的应用提供一种可行的策略。在中国，由于只有房屋所有者而不是租赁者能够拥有子女入学的资格，且出租房屋和自住房屋在提供住房服务方面几乎相同，因而除去教育资源以外的其他房屋特征（包含邻里、社区环境以及其他生活条件等）的差异都将被反映到租赁价格的差异之中。租赁价格因此可以成为我们精确衡量、控制社区及其他房屋特征的综合指标。

总的来说，本书收集了 2013～2016 年近 14 万二手房交易数据和近 16 万租房数据，旨在估计北京的学区房溢价。以北京为研究对象，由于相对于其他城市（如上海），北京优质小学教育资源中公立资源占绝对的主导地位。在研究策略上，本书按照以下步骤推进识别优质公立小学、识别优质小学对应的学区、控制学区溢价以外其他影响房价的因素。在识别优质公立小学方面，现有文献或者采用某一年份的竞赛成绩来度量学校质量，或者采用较为久远的历史年代确立的重点小学为标准；而本书综合选取长期稳定的学校质量口碑确定了 59 所优质小学，这一指标往往是家庭决定购买学区房时的主要参考。在框定优质学区边界方面，本章研究收集并整理了同期优质学校的招生简章，并和住宅小区做精确匹配。在估计学区房溢价时采用了如下策略：首先，利用租房数据，以租金为综合指标间接控制社区质量，划定边界断点回归中的边界样本范围；其次，参照布莱克的研究，利用断点回归法估计北京市 2013～2016 年优质小学学区房的平均溢价；再次，分年度回归考察学区房溢价的时间趋势；最后，采用双重差分法利用学区发生过变动的子样本来评估学区变动带来的房价变化。

因此，从实证方法角度来说，本章研究的贡献在于以下三点。

首先，以租金为综合指标划定边界范围。我们为识别满足边界断点回归方法关键假设的区域提供了一种新方法，那就是学区边界两侧通过租金衡量的社区特征没有统计上显著的差异。与文献中的研究结果相似，在北京，即使在非常狭窄的跨度（如 300 米）范围内学区边界两侧的房屋特征也存在显著差异。因此，我们建议逐步缩小带宽，直到房屋平均每平方米租金价格差在统计上不显著。换句话说，我们考虑使用租赁价格作为整体社区特征的综合衡量标准。为实现这一目标，我们收集了 2013～2016 年北京住房市场住房租金和售价以及住房特征的大量数据。这是这两个数据集首次同时用于研究北京住房市场。

其次，以地理距离为基础建立工具变量。我们建立了一个新的工具变量（IV）来解决由学区边界变化引起的内生性——"投资效益"。由于根据"就近入学"政策，小学学校片区的划分应该将孩子分配到距离最近的小学，我们使用泰森多边形的思想构建"理论"的学区边界，并将其用作实际学区边界的工具变量。① 泰森多边形边界之所以能提供这一工具变量，是因为如果严格实施基于居住地的"就近入学"政策，那么实际学区边界应该与"理论"学区边界高度相关，满足工具变量的相关性要求。而外生性要求很容易满足，因为这是一个根据"就近入学"政策理念创建的理论界边界，加之优质小学的位置很少变化，因此，它影响房价的途径有且只有通过与实际学区边界关联这一条。

最后，综合采用 DID 方法进行估计。我们将上述两种方法结合起来，依据 2013～2016 年学区边界是否发生变化，将整个样本划分为多个子样本。采用双重差分方法（difference in difference，DID），估计学区变动带来的房屋价格变化，并基于此估计优质教育溢价的水平。

研究结果的主要贡献有以下四点。

（1）数据贡献。本章研究收集这一时期内的近 30 万条二手房和租房交易数据以及小学招生简章，并在此基础上构建了北京市翔实的"学区—社区"的数据集合，也就是将住房与其所在地的对口小学进行精准匹配，这一数据集无论是从变量的翔实程度还是从其时间跨度来说，都是目前研究北京学区房溢价及其变动的详尽度较高的数据集。

（2）趋势估计。在估计样本期间平均的学区房溢价以外，本章进一步考察了学区溢价逐年的变化趋势，为理解未来学区房溢价可能的变化趋势提供了参考。估计范围为 2014～2016 年，并且以招生简章的发布为时间节点，考察每一学年溢价的变化情况。

---

① 泰森多边形思想的具体介绍及理论学区边界的建立详见 2.4.1。

（3）考察变动。本章研究评估了自然实验以外重新划分学区对住房价格的影响。在样本期间，由于小学招生简章的微调，部分住宅小区对口的小学发生了变化，其中绝大多数变化来自新增的优质学区，也就是原本未被划分在优质小学招生片区的住宅进入了优质小学的招生范围。以此为契机，就可以考察这些新增的优质学区住房价格中优质教育资源的附着所带来的价格变动。实证结果显示，在这一学区发生变动的子样本中，由教育的附着带来的房价变化存在时间上的滞后。其原因，一方面可能与房地产市场的高昂交易成本与较长的交易周期有关；另一方面也可能反映了家庭对学区变动中可能存在的不确定性的顾虑。这一时间上的滞后性提供了重新划分学区对房价影响的直接证据，也为相关的学区调整提供了重要的政策制定的参考价值。

（4）政策建议。本章研究也可为目前的学区房改革提供政策建议。虽然"就近入学"等一系列政策的设计意在促进教育公平尤其是基础教育的入学公平，但逐年攀升的教育溢价却反映出入学机会不均等这一问题并未得到妥善解决，反而存在愈演愈烈之势。而且学区的重新划分，虽然存在时间上的滞后，但是优质教育资源的附着却可以显著提高住房价格。因此，仅仅限制和引导住房需求可能并不足以达到促进教育公平的目的，未来可从加大优质教育的供给角度来考虑如何切实保障基础教育的入学公平。

本章的结构安排如下：3.2 节介绍北京市基础教育背景和北京市房价基本状况；3.3 节介绍本章采用的房价数据和学区数据的情况，以及相应的分类和变量统计描述；3.4 节确定租房价格无显著差异的范围并使用边界断点回归方法得到学区未变动子样本中的教育溢价的估计；3.5 节介绍为了识别第二种内生性建立的工具变量以及相应的估计结果；3.6 节基于双重差分法，以学区变动为切入点区分样本，为优质教育溢价的估计提供实证证据；3.7 节为本章结论。

3.2　北京市基础教育制度与房价状况

作为首都，北京市的基础教育及房地产市场的发展因其风向标作用一直备受公众和学者的关注。20 世纪 80 年代以来，为促进教育机会均等化，北京市教育部门通过取消统一考试、"划片入学"等方式严格落实义务教育阶段的"就近入学"原则，将优质教育资源的配置同住宅紧密联系在一起。与此同时，伴随着住房制度改革的推进，居民的住宅逐步实现了高度的市场化。房地产市场的扩张与房价的上涨，为估计教育溢价、评估促进教育均等化政策的有效性提供了机会。在本部分我们描述北京市基础教育制度的演进，以及北京市住房市场和住房价格的变迁。

3.2.1　北京市基础教育制度简介

优质基础教育资源如何分配关系着教育机会的公平程度，由于优质教育资源的稀缺性和中国家长自古以来对教育的重视，优质学校的入学资格也成为家庭关注的重点。

作为首都，北京市基础教育资源的分配不仅关系着北京居民的民生，也引发着社会各方的关注。北京市义务教育资源至少具有以下两个特点。

第一，北京市内须接受义务教育的学生数量规模大。根据 2018 年《北京教育年鉴》，北京市当年小学在校人数 86.84 万人，初中在校人数 26.83 万人。其中，本市户籍小学在校人数 53.63 万人，初中在校人数 18.30 万人。

第二，北京市内部城区与学区之间教育资源分布不均。2016 年北京市共有小学 984 所、初中 341 所。根据中国指数研究院数据，北京市海淀区共有学区 17 个，小学 104 所，中考 550 分以上人数占比约 25%；朝阳区有学区 15 个，小学 122 所，中考 550 分以上占比为 14%。海淀区和朝阳区都可以规划为北京市的城六区，在其他中心城区和周边城区之间，这种教育资源的差异可能会更大。

3.2.1.1　就近入学政策的历史沿革

中华人民共和国成立后，如何让人民有平等接受教育的机会、方便少年儿童入学是教育界持续关注的议题，在这样的背景下，"就近入学"政策应运而生。

北京市早在 1958 年就开始了"就近入学"的尝试。[①] 1986 年《中华人民共和国义务教育法》（以下简称《义务教育法》）第九条明确规定少年儿童应就近入学后，1992 年国务院批准了《中华人民共和国教育法实施细则》，对"就近入学"的实施作了更细致的规定，"就近"的内涵是指户籍所在地离学校的距离近。这一标准直至 2021 年《义务教育法》中都被明确。

"就近入学"政策的初衷是促进基础教育机会公平。在这一政策安排下，如果各地教育质量差异不大，那么居民听从政府相应安排的可能性就比较大，相应地，政策执行压力也会比较小。但是，城乡二元结构的存在，使农村和城市之间基础教育的质量差异巨大，并且由于种种历史原因，城市与城市之间，甚至一个城市内部的教育质量都存在较大差距。在这种教育资源分布不均的情况下执行"就近入学"政策，就会产生教育不发达地区的学校无人问津而优质学校地区的入学需求旺盛的矛盾。鉴于此，1992 年的《中华人民共和国教育法实施细则》为家长通过"借读"方式让自己的孩子进入重点学校读书的"择校"行为提供了法理依据，其中第十四条规定，"适龄儿童、少年到非户籍所在地接受义务教育的，经户籍所在地的县级教育主管部门或者乡级人民政府批准，可以按照居住地人民政府的有关规定申请借读。""借读"这一选择的出现，为缓解教育资源地区分布不均的矛盾提供了一个出口。1997 年，国家教育委员会发布《关于规范当前义务教育阶段办学行为的若干原则意见》，对择校行为短暂放松，提出坚持义务教育"免收学费""就近入学""平等受教育"的原则。对小学毕业生"免试入学"升初中实现一步到位，实在有困难的一些大中城市，经省级教育行政部门或地（市）政府严格审批，允许少数义务教育阶段公办学校在近期内招收"择校生"。其中，"择校生"等招生形式的出现，也在一定程度上将"就近入学"政策的执行放宽。

但是，允许公办学校通过收取借读费的方式招收择校生又容易导致在择校阶段出现腐败行为，即使户籍所在地在地理位置上距离很远，有财力的家长也能通过支付借读费来帮助子女就读优质学校，这种情况的出现有违基础

---

① 李军：《义务教育阶段就近入学剖析》，载《教育发展研究》，2007 年第 23 期。

教育机会公平的初衷。为了遏制这一由"借读"或者"择校生"而引发的教育不公现象，教育部从两个方面推进，尝试解决这一问题：一方面，要求各地严格推行"就近入学"政策；另一方面，严格治理收取借读费的行为。

2000 年，教育部办公厅印发《关于全国中小学收费专项治理工作实施意见》，提出争取两三年内实现全国各省辖市义务教育阶段公办学校完全停止招收择校生的目标，依法实行"就近入学"。但是，在教育资源地区不均衡的格局下，以缴纳"借读费"等为代表的择校行为继续扩大。2005 年，教育部发布《关于进一步推进义务教育均衡发展的若干意见》，提出要"坚持义务教育阶段公办学校免试就近入学"，并采取措施"有效遏制义务教育阶段择校之风蔓延的势头"。2010 年，教育部进一步制定解决择校乱收费问题的十大指导意见。2012 年，教育部、国家发展改革委、审计署印发《治理义务教育阶段择校乱收费的八条措施》，要求除省级教育行政部门批准的可招收体育和艺术特长生的学校以外，义务教育学校一律不得以特长生的名义招生。

2014 年 1 月，教育部印发《关于进一步做好小学升入初中免试就近入学工作实施意见》，提出地方各地教育行政部门和公办、民办学校均不得采取以考试方式的选拔学生。同年 2 月，教育部办公厅印发《关于进一步做好重大城市义务教育免试就近入学工作的通知》，要求北京市在内的 19 个大城市所有县（市、区）实行划片就近入学，小学阶段就近入学率达到 100%，初中就近入学率达到 90%。

但是，即使教育部能够严格实行就近入学，完全治理通过借读、特长生等方法遏制择校行为，却依然难以实现教育起点上机会公平的目标。这主要是因为，从 20 世纪 90 年代起，我国还全面推进了住房的市场化改革，房地产市场自此经历了 20 多年的快速发展。在此期间，城镇人口比率从最初的不到 30% 上升到 57%，城市建成区面积从 2 万平方千米增加到 5.2 万平方千米，城镇人均住宅建筑面积从 16 平方米上升到 33 平方米，累计竣工住宅 8 654 万套。

房地产行业的繁荣发展是中国从落后的农业国快速成长为现代化的工业国的过程中，对于城镇化进程的必然要求。然而，在按照户籍"就近入学"政策的严格执行的背景下，且其他"借读""特长"方式就读重点学校的通道又被切断，这就使得就读优质学校的入学资格与可以落户的住房之间建立起直接联系：让子女就读优质学校的目标，可以通过购买优质学校附近的住房，并落户于该住房的方式实现。在单校划片来解决教育资源配置不均衡效果有限的情况下，2016 年，教育部办公厅下发《关于做好 2016 年城市义务教育招生入学工作的通知》，提出再教育资源配置不均衡、择校冲动强烈的地方，根据实际情况积极稳妥采取多校划片。

2017 年 3 月，北京市政府连续出台多项房市调控政策，其中还伴随着北京市教委 3 月 25 日发布的《2017 年义务教育阶段入学工作意见》，明确提出"单校划片"和"多校划片"相结合的入学方式。这一系列的政策配合引发了房地产市场价格的诸多调整，关于这一政策效果的评估，可参见本书第 4 章。

3.2.1.2 北京市就近入学政策的实施进程

早在 1958 年，北京市就出台了相关政策规定全市 15 万名儿童就近入学的办法，在当时的情况下实行报名即可入学的招生方式。1992 年《中华人民共和国教育法实施细则》颁布后，北京市开始大规模推行"就近入学"政策。1993 年，北京市教育局发布了《关于小学毕业生升入初中的暂行规定》，提出取消区县统一组织的小学毕业考试，同时规定小学毕业生升入初中需在规定区域就近入学，不过还是可以存在一定比例的"保送"和"推荐生"。这一政策转变使得"小升初"从统一考试的"以分择校"逐渐转向以"户口"择校和以"素质"择校，各类针对保送生和推荐生名额的特长班、奥数班也应运而生。

2005 年，教育部提出要"坚持义务教育阶段公办学校免试就近入学"，之后北京市教委发布了《关于 2006 年小学、初中入学工作的意见》，规定北京市"小升初"政策将严格执行"免试就近入学"原则，至此，政策执行力度开始加大。除了"小升初"的政策收紧外，北京市也开始进一步管理"幼升小"的择校过程。为了禁止"幼升小"过程中的择校行为，北京市开始将小学入学资格同户籍严密挂钩。此后，北京市搭建了"电子学籍"与"统一入学服务系统"两个平台，对义务教育入学及学籍管理进行了严格的电子化管理。自 2013 年开始，北京市便开始使用小学入学信息采集系统，在这一系统中，学校根据系统的排号获得划片区域范围内的学生名单，以严格控制跨区入学和非学龄儿童入学。2014 年，北京市教育委员会发布《关于 2014 年义务教育阶段入学工作的意见》，提出坚持免试就近入学。凡年满 6 周岁（2009 年 8 月 31 日以前出生）的本市户籍适龄儿童均须按区县教委划定的学校服务片区参加学龄人口信息采集，免试就近入学。同时还指出，北京市将进一步推动入学制度改革，坚持义务教育阶段免试就近入学，推广学区制和九年一贯制对口入学。同年，北京市义务教育入学服务系统与公安部门建立起联网验证，通过清晰记录每个学生的户籍所在地、居住地、入读学校、入学方式等信息的方式来控制学校在招生过程中的操作空间。此外，北京市进一步采取"三减""三增"措施，即减少"占坑班""对点招生班"及推优特长生的比例，增加集团化办学、特色学校建设及优质初中派位比例。与此同时，北京市开始严格控制其他招生形式，规定停止招收寄宿生，而非京籍在京务工人员子女入学需提供"五证"，严格限制了非京籍人员子女的入学条件。

教育质量差距的存在，"幼升小"与户籍的明确挂钩、对口直升及九年一贯制等规定的推进，导致家长的择校行为开始向前期"幼升小"阶段转移，促使一大部分适龄儿童家长为了让孩子进入优质学校而购买重点小学片区的房屋，俗称"学区房"。学区房房价水涨船高[①]，为了控制房价，北京市接连从首付利率、二套房定义、限购规定等多个角度发布房市调控政策，由于单校划片的学区房政策仍然对实现教育机会公平的作用有限，也为落实教育部办公厅 2016 年发布的《关于做好 2016 年城市义务教育招生入学工作的通知》，北京市教育部门也相应地开始调整单校划片、就近入学的入学政策。

2017 年 3 月，北京市教委发布《2017 年义务教育阶段入学工作意见》，明确提出单校划片和多校划片相结合的入学方式，在以往个别区域和学校参与多校划片招生的基础上，扩大参与多校划片的学校数量和比例，而单校划片入学则需要严格的"入户实际调查"，调查入学学生及监护人是否在登记

---

① 举例来说，北京市中关村第三小学 2016 年二手房成交均价高达 10.1 万元。数据来自链家网。

地实际居住。不过，2017 年这一"多校划片"新规在各城区教委的执行方面存在差异。其中，朝阳区教委率先明确提出在 2017 年 6 月 30 日后取得的不动产权证书所对应的实际居住地址不再对应一所学校，适龄儿童将依据实际居住地参与该区统筹分配，也就是实行"多校划片"的入学方式。西城则增加了"全区派位入学"制度，优质小学中新增一定比例份额首次实行小学入学的多校划片。东城区则提出要积极稳妥地探索单校划片和多校划片相结合的入学机制，小升初则继续巩固完善就近划片的入学办法。海淀区提出，小学入学将继续实施六年一学位制度，并逐步推进多校划片入学方式，加大入学资格审核，取消小升初推优，降低特长生比例。[1]

3.2.1.3 北京市基础教育制度总结

总的来说，义务教育"就近入学"原则的初衷是促进教育机会公平，1986 年《中华人民共和国义务教育法》第九条便明确规定少年儿童应就近入学，"就近"的内涵指的就是入学儿童的户籍所在地与学校距离这一层面上的近。[2]

需要指出的是，义务教育入学分为幼儿园升入小学和小学升入初中两个阶段，伴随着就近入学政策的推进，北京市对择校行为的治理也从"小升初"下移至"幼升小"阶段。1993 年，为了大规模推行就近入学，北京市提出取消区县统一组织的小学毕业考试，规定小升初需要在规定区域就近入学，但可以存在一定比例的"保送生"和"推荐生"，这一政策转变使得小升初从"以分择校"逐渐转向"以户口择校"和"以素质择校"。为了禁止幼升小中的择校行为，北京市又开始将小学入学资格同户籍严密挂钩，搭建了"电子学籍"与"统一入学服务系统"两个平台，学校通过系统排号获得划片区域范围内的学生名单。2000 年之后，教育部门开始严格推行就近入学，同时治理缴纳借读费等择校行为。2005 年之后，随着就近入学政策的收紧，

---

① 关于北京市"多校划片"政策的实施及其政策效果评估可参见第 5 章。

② 1992 年国务院批准《中华人民共和国义务教育法实施细则》，随后 2006 年经由第十届全国人民代表大会常务委员会对《中华人民共和国义务教育法》修订，2015 年和 2018 年又经历了两次修正，其中对"就近入学"的规定和内涵未有大的变动。

北京市"小升初"政策严格执行"免试就近入学"，且自 2012 年起义务教育阶段公立学校不得再以特长生名义招生。2014 年，教育部明文规定要求北京市在内的 19 个大城市所有区县实行就近入学，其中小学阶段就近入学率要达到 100%；同年，北京市教委明确坚持就近入学、推广九年一贯制对口入学。通过将北京市义务教育入学系统同公安部门建立联网验证，就可以清晰记录每个学生的户籍所在地、居住地及入读学校等信息，从而严格控制跨区入学及学校招生过程中的操作空间。

教育质量差距的存在，加之"幼升小"与户籍的明确挂钩、"小升初"对口直升及九年一贯制等政策规定的推进，导致家长的择校行为向前期"幼升小"阶段转移，促使一大部分适龄儿童家长从孩子就读小学起就要为孩子选择优质学校。当然，如何合理度量小学的教育质量是家长面临的主要挑战。对教育质量的度量一般有连续指标和间断指标两种选择。连续指标既可以选取学校投入经费数量、具有高阶称号的教师数量等投入变量（Brunner, Murdoch and Thayer，2006），又可以选取学生统考成绩或其他类型竞赛、测试成绩等产出变量（Black，1999；Figlio and Lucas，2004；Bayer, Ferreira and McMillan，2007；Chan et al.，2019）。北京市曾于 20 世纪 50 年代建立"重点学校"体系，指定了 40 所市级"重点小学"，后来为了保证教育机会的公平性而取消这一划分，但家长仍然可以根据历史沿革和对各项教育指标的考察获知优质小学的名单。由此，为了让孩子就读优质小学而争相购买优质小学对应招生片区的房屋，俗称学区房。为了控制房价，北京市接连从首付占比、贷款利率、购房资格等多个角度发布房市调控政策。① 但是，"单校划片"的小学入学政策并未遏制富有家庭更有可能购买学区房，从而获得优质小学入学资格现象，学区房价格也因此一路水涨船高，其与其周边房屋间差

---

① 首付占比及贷款利率方面：2010 年北京市规定家庭首套住房首付不得低于 30%，随后首付比例常有调整，并同家庭贷款情况相结合，截至 2019 年 10 月，北京市无贷款记录家庭首套房首付比例不低于 35%，二套房不于 60%，且首套贷款利率自 2014 年起限定为不低于基准利率的 7 折，至 2019 年，首套房贷利率普遍为基准利率上浮 5%~10%，最高上浮 20%。购房资格及税收方面：2010 年北京市正式启动"限购"政策，2011 年进一步规定京籍家庭只能购买两套住宅，2017 年商住房个人全面限购。2013 年规定个人转让非满五唯一的住房按所得 20% 计征个人所得税。

价仍在拉大①。

3.2.2　北京市二手房市场简介

从 20 世纪 90 年代起，北京市以拥有一流的各级教育资源和国际化大都市的建设标准的特征，吸引了大批人才涌入。在北京市安家落户成为很多人努力的目标，房价因此成为民生关注的重点。过去 20 年北京市房地产市场的变化也可以被看作中国一线城市房地产市场变迁的缩影。

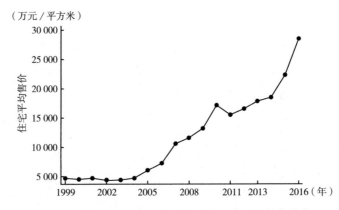

图 3.1　1999～2016 年北京市住宅商品房平均销售价格

资料来源：国家统计局。

图 3.1 记录了北京市在 1999～2016 年的住宅平均价格的变迁。1998 年，国务院明确提出了"逐步实行住房分配货币化"，与此同时，中国人民银行配合提出"取消福利公房制度""金融体系开放""消费信贷放开"等意见，标志着房地产市场改革的正式启动。1999 年，北京的住房价格每平方米约在4 787 元左右。此后，随着 2003 年房地产业开始被确立为国民经济的支柱产业，房地产业自此蓬勃发展，北京市住房价格也开始进入增长的快车道。根据计算得到房价指数（Fang et al.，2016），一线城市中北京市住房价格的上涨最为明显，在 2003～2013 年，住房价格就上涨超过了 7 倍。根据国家统计

---

① 以北京市优质小学中关村第三小学为例，本书收集到的数据显示，2016 年其招生片区内的小区均价一度高达 11 万元/平方米，而附近未被纳入其招生片区的小区均价仅在 7 万元/平方米左右。

局公布的北京市房价数据显示：2003～2016 年，房价年度增长率达到了 16%。

当然，平均房价变化并不能完全反映优质学区与非学区房价之间的差距及其变动。为了评估学区房溢价，就需要收集更为细致的微观数据，并结合更为精确的实证方法。鉴于 2013～2016 年为北京市住房价格新一轮的上涨区间，本章以这一时间段内的二手房和租房交易数据作为主要研究对象，开展优质教育资源在住房价格中的溢价评估，并对其趋势和变动展开细致的分析。

3.3 住房市场与基础教育数据

本部分介绍本章研究使用的数据来源及其描述统计，包括介绍研究使用的二手房交易数据、租房数据，以及优质学区识别方法和优质小学与学区的匹配方法，最后将对数据进行基本的统计性描述，并考察其代表性。

3.3.1 二手房和租房交易数据

我们从北京目前最大的房屋交易中介处收集了 2013 年 1 月～2016 年 12 月北京市二手房成交和租房成交的详细数据，并限定样本在北京市城六区。由于北京市优质教育资源主要分布于中心城区，而中心城区近年来很少有新楼盘，因此，基于城六区二手房市场交易数据的分析基本涵盖了估计教育溢价所需的房屋交易。经过清理一共得到二手房成交数据近 14 万条，租房成交数据近 16 万条。

本章采用的样本数据中，对住宅交易的各类信息都有较为丰富的记录，包括真实成交价格，其中，二手房交易数据包括出售价格、挂牌价格等，租房数据中包括房屋总的出租价格、成交日期，住宅房屋特征，如住房的建筑面积、建筑年份、装修程度、相对楼层、建筑总楼层、卧室和客厅数量等，房屋买卖双方年龄、性别、出生省份等人口特征。此外，根据房屋所在小区的地理位置，我们还补充了房屋附近最近地铁站及其距离，所在城区、环线及更为细致的商圈划分等周边特征。

3.3.2　优质小学的界定及对口住宅小区的匹配

第 2 章中已经介绍过基础教育信息的获取，本小节将着重介绍优质小学界定后的匹配过程。首先需要再次说明的是，为了研究优质小学的教育溢价，需要建立区分优质学校和普通学校的标准。文献中，部分研究采用学生的测试分数评估学校质量（Black，1999；Bayer，Ferreira and McMillan，2007），也有研究中包括了父母满意度和学生的幸福感（Gibbons and Silva，2008）。但是，由于北京市实施九年义务教育，并取消了小升初全市联考，北京市不再具有可用于判断小学质量的市级标准考试成绩。本章研究只能另寻评估学校质量的途径。此外，由于城镇小学中公立小学占绝大多数（超过 90%）。因此，本章研究将专注于公立学校的分类。

3.3.2.1　优质小学的界定及匹配方法

根据就近入学政策，北京市所有住宅小区都有对应的周边小学入学资格，因而严格来说所有房屋都可以称为学区房。当然，一般意义上的学区房指的是对口小学为优质小学的房屋。本章研究分别采用北京市房地产中介机构及常用的小学信息查询网站获得了三个不同来源的优质小学列表。通过对这三个优质小学列表取交集，得到北京市城六区 489 所小学中教学质量口碑最高的 59 所小学为优质小学参与后续的实证研究，并将上述 59 所优质小学对应片区内的住宅称为优质学区或学区房，并称其余住宅为普通学区或非学区房。

在确认了优质小学列表之后，通过收集优质小学 2013～2016 年招生简章的照片并将其分年度文本化，可以将优质小学简章中出现的招生片区范围与样本数据中成交房屋所在的小区或楼盘相匹配，得到某处房屋在出售时是否被划入了优质小学的招生片区。因此，得以确立优质小学与招生片区内的住宅小区之间的精准对应关系。

图 3.2 展示了北京市中心城区的房屋均价及 59 所优质小学的位置分布。图中背景颜色的深浅代表了该区域每平方米房屋均价的高低，黑色圆点标记

着优质小学的地理位置。可以发现，59 所优质小学全部位于城六区中的西城、东城、海淀和朝阳四个城区，其中西城区拥有优质小学数量为 21 所，占总数比例高达 35.6%，居于四个城区首位。

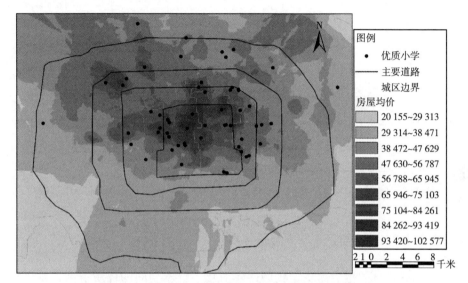

图 3.2　北京市每平方米房屋均价与优质小学位置分布

注：背景颜色的深浅代表相应区域房屋均价的高低，其中颜色越接近深色代表房价越高，反之颜色接近浅色则代表房价越低。黑色圆点标记了本章定义下优质小学的位置分布。黑色实线标注北京市主要环线道路。浅色细线框定了城区的边界。①

　　图 3.3 绘制了北京市二手房的每平方米售价在 2013 ~ 2016 年的月度走势。其中，以四边形标记的折线显示的是样本数据中所有住房的平均价格。在样本期间，平均的住房实际价格的年增长率约为 17%，远远高于实际国内生产总值 7.2% 的平均增长率，并且住房价格在 2013 年 1 月 ~ 2016 年 12 月翻了一番。图 3.3 还进一步比较了优质学区房和普通学区房的每平方米售价，其中实线标记的优质学区的价格走势，而虚线则显示普通住宅的平均价格走势。从图 3.3 中可以发现，优质学区的价格在样本期间一直远远高于普通住宅，总体而言，样本期间优质学区房价比普通房价高出约 30%。

―――――――――

　　①　城区边界及道路信息底图基于民政部 2017 年的行政区划调整，作者以网络上公开的 2015 年全国县级矢量数据为底图制作而成。

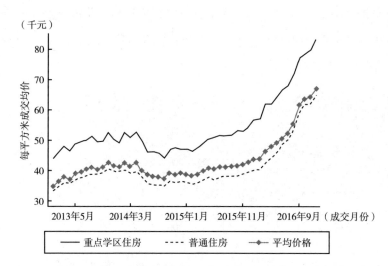

图3.3 北京二手房每平方米成交均价：优质学区、普通学区和整体平均价格

3.3.2.2 依据学区变动划分子样本

依据收集到的招生简章，我们逐年对比了样本期间的优质学区，发现样本期间部分优质小学的招生片区发生了变动，这一变动主要是由于优质小学在招生片区中纳入了新的住宅小区或楼盘。在这样的变动背景下，根据样本期间房屋对口小学及其变动，可将样本依据其对应学区划分为以下三类。

普通学区（A0），即房屋所在的住宅小区在2013~2016年从未被划入优质小学的招生片区之中；

优质学区（A1），即房屋所在的住宅小区在2013~2016年一直在优质小学的招生片区之中；

变动学区（A2），即房屋所在的住宅小区在2013~2016年对口的学区房性质发生变化。

在样本期间，由于数据中没有观测到在2013年开始时为优质学区但在样本区内成为普通学区的案例，因此，所谓的变动学区（A2）中的"变动"就特指在2013年房屋尚未被纳入优质小学招生片区，但在样本期间被划到了优质小学片区这一新晋学区的变动。也就是说，在这个子样本中，其中一部分房屋可能某年未出现在优质小学的招生简章中，但在次年进入了优质学校的招生简章名单。

这三类子样本的样本占比分别是普通学区 90.7%、优质学区 7.4% 和变动学区 1.9%。

根据学区边界是否发生变动将整个样本分成上述三个子样本后，相应的子样本上可以采用不同的实证方法估计优质学区溢价，采用的实证方法包括边界断点回归、工具变量以及双重差分方法。在子样本优质学区（A1）中，优质学区边界未发生过变动，这是使用布莱克边界断点回归方法的关键假设。加之从未进入重点学区的子样本普通学区（A0），我们可以通过断点回归方法来估计房价中的优质教育溢价，记为 β_{RD}。在子样本变动学区（A2）中，学区边界曾发生过变动，因而需要解决由学区边界变动引起的内生性。在此类样本中，可以建立工具变量并与样本 A0 一起，通过 2SLS 得到的教育溢价的估计，记为 β_{IV}。此外，在发生变动的样本 A2 中，可以结合 A0 样本采用双重差分方法，其中，子样本 A0 可被视作对照组（control group），子样本 A2 视为实验组（treated group），经由双重差分也可以得到优质教育溢价的估计。

最终，通过综合对比以上不同方法得到的实证结果，可以对北京市住宅价格中的优质学区溢价有更为综合和全面的评估。

3.3.3　变量定义及统计描述

本节将提供样本数据中二手房成交及租房成交记录的更多细节。所有名义的住房价格和房屋租赁价格均通过国家统计局公布的月度消费者价格指数转换为实际价格，在转换中选取 2013 年 1 月为价格的基准月份。

在实证回归中，主要采用的因变量为 ln_price，即每平方米房屋售价的自然对数。为了进一步验证断点回归方法的关键假设是否成立，在后续的实证分析中还进一步采用 ln_price_rent 作为因变量进行对比，ln_price_rent 为每平方米房屋的平均售价的自然对数[①]。

---

① 　每平方米租金同样以 2013 年 1 月为基准转化为实际租金。

在边界断点回归中，关键的解释变量是 school_key，它代表该成交房屋在成交的时候隶属于优质小学的招生片区，也就是成交时该住房为优质学区房。

在工具变量的回归过程中，选取的工具变量为 nearest_key，它代表的该房屋成交时距离最近的小学是否为优质学区。工具变量的建立是基于泰森多边形的理论，判断该房屋理想状况下的"理论"学区是否是优质学区。关于工具变量及其建立的依据将会在后面有进一步详细的介绍。

在双重差分的回归方法中，虚拟变量 key_{it} 为关键的解释变量，其取值为 1 时表示该交易二手房为优质学区房，此外还控制了变动的组别效应 $treatment_i$ 和时间趋势 γ_t，$treatment_i$ 等于时 1 意味着成交房屋 i 所在住宅小区为经历过学区变动的小区，γ_t 等于 1 时表示房屋成交日期在学区变动发生之后。

其他解释变量可以分为以下几类。

（1）住房特征（housing characteristics）：住宅出售时的主要居住特征。包括房屋的建筑面积（平方米）、房龄①（年）、户型（客厅和卧室数量）、住房所在总楼层、住房所在相对楼层（低、中、高楼层）、装修程度（是否精装修）以及出售年份。

（2）小区特征（community characteristics）：住宅所在小区的主要特征。同一小区内的建筑物大多具有相同的建筑结构，如建筑结构是板楼还是塔楼、是否配有电梯，以及小区所在的地理位置特征，如环线（所在地区位于北京市主要的环线道路位置）、所在城区、所在副城区、所在商圈等。

副城区的划分首先基于行政区划，进而在每个城区内又按照北京市环线路及主要辐射状干道的交叉分割将北京市主城区分割成了 48 个副城区。

最后，本章研究又在控制副城区这一区域固定效应的基础上，结合主要的街道区划，将北京市六个主城区划分为 168 个商圈，并进一步控制商圈的固定效应。

环线、城区、副城区和商圈的划分，使我们能够在不同层面控制住房所在小区在空间位置上的特征。表 3.1 列出了研究中使用的主要变量的定义和统计描述。

---

① 房龄的计算方法为：出售年份减去房屋的建造年份。

表 3.1　　　　　　　　　　　　**变量定义及统计描述**

变量	定义	均值	标准差
被解释变量 （Dependent variable）			
real_price	每平方米房屋平均实际出售价格（2013 年价格水平，元/每平方米）	48 042.90	17 070.35
ln_price	每平方米房屋平均实际出售价格的自然对数	10.72	0.35
real_rent	每平方米房屋平均实际出租价格（2013 年价格水平，元/每平方米）	66.54	29.42
ln_rent	每平方米房屋平均实际出租价格的自然对数	4.10	0.48
重点小学的识别变量 （Key School Indicators）			
school_key	当此房屋出售时，是否被划入重点小学的招生片区（＝1：被划入；＝0：未被划入）	0.49	0.50
nearest_key（IV）	此房屋距离最近的小学是否是重点小学（＝1：是；＝0：否）	0.45	0.50
housing characteristics			
square	房屋的建筑面积	78.47	35.79
age	房屋出售时的房屋年龄：出售年份减去建筑年份	17.52	9.21
refineddecoration	房屋是否精装修（＝1：是；＝0：否）	0.42	0.49
base	是否为地下室（＝1：是；＝0：否）（回归中这一组被处理为基准组）		
low	低楼层（＝1：是；＝0：否）	0.25	0.44
medium	中楼层（＝1：是；＝0：否）	0.49	0.50
high	高楼层（＝1：是；＝0：否）	0.18	0.38
R*L*	房屋户型的系列虚拟变量（RMLN＝1，此房屋为 M 室 N 厅）	—	—
year_deal	交易年份（2013~2016 年）	—	—

变量	定义	均值	标准差
community characteristics			
elevator	小区是否配有电梯（ = 1：是； = 0：否）	0.64	0.48
ventilation	小区建筑类型是否为板楼（ = 1：是； = 0：否）	0.47	0.50
ring12	小区是否位于北京市 2 环附近或以内（ = 1，城中心一环或二环附近；= 0，其他）	0.15	0.36
district	6 个主城区的虚拟变量	—	—
sub district	48 个副城区的虚拟变量	—	—
block	168 个商圈的虚拟变量	—	—

3.3.4 分学区二手房房价基本描述

划定学区及其变动情况后，我们可以进一步描述样本期间二手房交易的一些基本特征，表 3.2 展示了依据学分分类后不同子样本的房屋特征信息。从表 3.2 中的统计结果来看，主要传达了以下五项信息。

表 3.2　　　　按学区变动分组的主要变量描述性统计（二手房成交）

项目	样本均值			差值显著性	样本均值	差值显著性
	全样本	普通学区 A0	优质学区 A1	变动学区		
				A1 – A0	A2	A2 – A0
房价（万元/平方米）	4.44	4.25	6.38	2.13 ***	6.01	1.76 ***
优质学区占比（%）	0.08	0.00	1.00	1.00 ***	0.40	0.40 ***
房屋特征						
房屋面积（平方米）	79.53	80.08	74.31	– 5.76 ***	73.73	– 6.34 ***
房龄（年）	17.48	17.04	22.59	5.55 ***	18.53	1.49 ***
精装修	0.40	0.41	0.37	– 0.04 ***	0.36	– 0.05 ***
简装修	0.29	0.28	0.34	0.06 ***	0.35	0.07 ***
电梯	0.64	0.65	0.54	– 0.11 ***	0.65	– 0.00
买卖双方特征						
卖方年龄（岁）	51.94	51.36	58.02	6.65 ***	55.92	4.56 ***
买方年龄（岁）	38.95	38.93	39.19	0.26 **	39.21	0.28

续表

| 项目 | 样本均值 | | | 差值显著性 | 样本均值 | 差值显著性 |
	全样本	普通学区 A0	优质学区 A1	A1 − A0	变动学区 A2	A2 − A0
空间特征						
二环以里	0.07	0.05	0.13	0.08 ***	0.57	0.52 ***
二至三环	0.22	0.21	0.38	0.18 ***	0.24	0.03 ***
三至四环	0.27	0.28	0.26	− 0.02 ***	0.19	− 0.08 ***
观测值	139 904	126 896	10 292	—	2 716	—

　　注：表中所列为解释变量及主要控制变量的描述性统计，纳入回归的控制变量还包含楼层、户型（几室几厅）等房屋特征，买卖双方性别及出生地，时间特征以及城区、副城区等空间虚拟变量。详见实证策略中的变量描述。第（1）至第（3）及第（5）列分别展示了相应变量在全样本和子样本中的均值，第（4）和第（6）列展示了 A1 和 A2 子样本同 A0 子样本的差异及其显著性，其中，**、*** 分别表示在 5%、1% 的水平显著。

　　第一，优质教育资源稀缺。在本研究中被界定为优质的 59 所小学，其招生片区所覆盖的成交量占总成交量的比重仅为 8%，并且需要注意的是，由于学区房上附加了优质教育资源，且每户住宅每隔六年会增加新的小学入学权名额，加之优质学区房的居住属性可能相对不够舒适（参见第四项），因而其转手率相对其他普通住房要更高一些。即便在这样的前提下，其交易占比依旧较低，这主要是由于优质学区房数量占总住房数量较小，因而更加凸显出优质教育资源的稀缺程度。

　　第二，优质学区房均价更高。从表 3.2 中可以发现，优质学区房均价显著高于其他类型房屋均价，差值高达 2.13 万元/平方米。具体来说，在样本期间，全样本的住房交易均价约为 4.44 万元/平方米，但其中优质学区房均价高达 6.38 万元/平方米；变动学区，也就是新晋优质学区的房屋均价紧随其后，达到 6.01 万元/平方米；对比来看，普通学区房的均价最低，平均仅为 4.25 万元/平方米。

　　第三，优质学区房存在区位优势。从表 3.2 中空间特征部分可以发现，如果以北京市主要环线道路进行区分①，那么优质学区房相对更多地坐落于

---

　　①　这种划分符合北京市一般对城中心的描述方式，由于北京市相对而言更接近于单中心城市，或者说具有一个显著的城市主中心。一般将二环道路以内及其周边的城区视为市中心区域，而随着环线数的扩张，则越来越偏离市中心。

靠近城市中心的区域，具体来说，优质学区比普通学区房更可能出现在二环、三环以内的城市中心地带，而较少出现在三环及其以外的区域，并且这一差异在统计意义上显著。

第四，优质学区房住房条件较差。从表3.2中的房屋居住特征看，优质学区内的房屋总体上属于"老破小"，这一词经常被家长用于形容学区房居住特征：优质学区房一般更"老"，也就是房龄较长，仅就样本数据而言，优质学区房的平均房龄超过22年，比普通学区房平均房龄要高出5年。优质学区房更"破"，这可以体现在装修程度较差，相对普通住房来说，优质学区房是精装修房屋的比例更低，比普通住房中精装修的比例低约4个百分点，此外，优质学区房所在小区配备电梯的比例也较低，相对普通学区房中配备电梯的比例显著低了11个百分点。优质学区房更"小"，也就是建筑面积更小，在全样本平均面积为79.5平方米的背景下，优质学区的平均房屋面积仅为74.3平方米，比普通学区房屋面积显著低约5.8平方米。

第五，优质学区房的拥有者更年长。从样本数据来看，优质学区房的卖家平均而言更年长，显著比普通学区房的卖家年长大约6年，而两类住房的买方则在年龄上没有显著差异。需要注意的是，这里高出的6年，恰好是完成基础教育阶段小学期间所需要的一般时长。结合政策背景，一般情况下，优质学区房在6年内只提供一个适龄儿童的入学位，这表明优质学区房卖家更可能已经不需要为了学区的缘故而继续持有该房屋。

3.4 第一种内生性："筛选效应"与边界断点回归方法

本部分的目标是基于边界断点回归法估计优质教育溢价在北京市住房价格中的溢价。选取边界断点回归法主要依据布莱克的理论（Black，1999），主要解决的是由"筛选效应"带来的内生性问题。在西方，"筛选效应"主要是由于社区学校的资助来自社区产权税，因而较为富裕的社区往往具备较优质的教育资源，并且这样富裕人群聚集的社区会进一步吸引更多重视教育、较为富裕的家庭聚居，进入一个相互增强的循环。这一效应在我国也有所体现：优质学区由于其住房均价较高，更容易吸引家庭财富积累较多且重视子女教育的群体居住，因而形成的社区环境也会进一步吸引更多同类型的家庭。因此，购买优质学区房可能不仅是为了子女受到良好教育，也是为了拥有更好的社区环境。在这样的背景下，如果不能充分控制社区、邻里等特征，估计所得的优质教育溢价由于还包含了其他非教育因素而存在高估的可能。

3.4.1 小节介绍了边界断点回归法的基本思想和模型设定。3.4.2 小节详细解释了本章研究边界范围的界定方式，描述北京市的租房市场以及如何利用租金来确保能够满足布莱克断点回归方法应用的关键假设。3.4.3 小节展示了基于学区边界不发生变动的样本进行回归所得到的断点回归的实证结果。

3.4.1 模型设定：边界断点回归

从基础的特征价格回归模型开始考虑，回归方程如下：

$$\ln\_price_i = \alpha + \beta \cdot school\_key_i + AX_i + u_i \tag{3.1}$$

其中，$\ln\_price_i$ 是房屋 i 的每平方米售价；$school\_key_i$ 是一个虚拟变量，等于"1"时，代表房屋 i 成交时被划入了优质学区之中；X_i 是包含其他房屋特征的控制变量组成的向量；u_i 是误差项。

$school\_key_i$ 前面的系数 β 为需要估计的关键系数，代表了购房者愿意为更好的学校支付的溢价。β 的估计需要解决以下两个关键问题。

一是遗漏变量偏差。也就是说，可能存在与 $school\_key_i$ 或者与其他住房价格的重要决定因素相关的影响因素没有被包括在模型之中。其中，最有可能遗漏掉的变量就是未被观察到（或者说未被控制变量代表）的社区特征。

二是反向因果关系。也就是说，在快速扩张的城市中，较为高档的社区住房价格往往很高，因而能够在这些社区中买得起住房的人一般来说具有较高的社会经济地位。为了吸引更好的学生，优质学校也更愿意将这些较为高档的社区纳入其招生的片区范围，因而均价较高的社区更有可能成为优质学区房，这样一来就产生了反向的因果关系。较高的住房均价有可能以较大概率导致住宅成为优质学区房。

　　布莱克所提到的边界断点回归方法是处理这种由社区特征带来的遗漏变量偏差的经典之作，通过使用边界断点回归方法，使得回归能够区分两类偏好：对更好学校的偏好与对更好社区的偏好。在这一尝试下，特征价格的回归方程可以改写成如下形式：

$$\ln\_price_i = \alpha + \beta \cdot school\_key_i + A_1 \cdot X_i + A_2 \cdot D_j + \epsilon_{it}, i = 1, \cdots, N_m$$

$$(3.2)$$

其中，在回归方程（3.1）的基础上，新增了 D_j，D_j 是一组代表优质学区边界的虚拟变量，考虑到学区边界两侧的房屋，由于距离较近使得其在未被观测到的社区特征方面较为相似，因而引入边界虚拟变量控制每个学区边界的固定效应。如果以 N_m 表示将样本限制在距优质学区边界特定距离内之后的样本数量，那么进入边界断点回归也就是方程（3.2）的样本数量就与方程（3.1）的样本数量相比发生了变化，边界断点回归应用的样本范围为全样本的子集，仅包括落在边界一定范围内的样本。例如，在布莱克的研究中，作者所尝试的边界两侧的特定距离包括0.35英里、0.2英里和0.15英里，随着边界两侧范围的不断缩窄，对社区特征的估计就更为精准。

　　需要强调的是，采用边界断点回归方法估计学区溢价的关键假设就是距离学区边界较近的一小段距离内，所有住宅小区的社区特征是相似的，因而学区边界两侧唯一的、显著的区别就是对口入学的片区不同，也就是教育资源的差异。而布莱克的方法在首次提出后，主要被应用于西方发达国家估计优质教育的溢价，但这一方法的前提是发达国家城镇化进度已经基本完成，城市内部区域的变动以及人口的流动幅度较小，学区的界限变化频率要远远低于发展中国家。而在发展中国家，尤其是像中国这样经济增速较快的发展中国家，随着城镇化进程的不断推进和区域经济的不断发展，学区的变动相对来说更为频繁，并且房价涨幅较快的社区可能更有可能成为优质学区，因为优质学校有激励将学区扩展到这些社区以增加学校本身的竞争实力，这也是我们刚刚提到的第二个可能给估计带来偏差的反向因果的问题。在这样的背景下，意味着哪怕采用了布莱克提出的边界断点回归方法，依旧存在一种可能：关键的解释变量 $school\_key_i$ 有可能是内生的。这一由反向因果带来的内生性问题导致对优质教育资源溢价的估计依旧存在偏差。

在提出解决这一问题的实证方法之前，我们先通过举例来说明北京市在样本期间发生的优质学区变动的情况。为了说明优质学校的招生片区（或者称作学区边界）如何随着时间的推移而演变，我们引入中关村第三小学的例子。图 3.4 显示了海淀区一所重点小学——中关村第三小学的学区边界。图中的十字代表了重点小学的位置。浅灰色小区是 2012 年之前该小学的对应入学片区内的住宅小区，自 2012 年以来，入学片区新增了深灰色部分的小区，随后在 2015 年新增白色部分。因而从图 3.4 中可以发现国内城市的招生片区在样本期间依旧会发生变化，并且这一变化主要是来自优质小学招生片区的新增住宅小区。这种变动可能会使得边界断点回归法不再完全适用，因而针对这部分发生变动的样本，本章将在 2.5 节和 2.6 节提出其他的实证方法，分别使用工具变量回归和双重差分回归来控制学区边界变化引起的内生性。

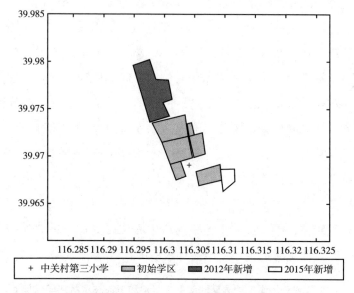

图 3.4　中关村三小的学区变动示例

注：本图中仅展示优质小学及其周边招生片区的相对位置，图中的横轴和纵轴分别代表纬度和经度，十字标记了中关村第三小学的位置，多边形代表着中关村第三小学招生片区内的住宅小区的位置，而多边形中不同的背景颜色代表着该住宅小区进入招生片区的不同年份。

3.4.2 基于北京租房市场的学区边界识别

样本期间（2013～2016 年）我国主要的大中城市，尤其是北京市，严格的入学招生计划使得租房者并不能将子女送入租住房屋所在片区的对口小学。不过，即使不能获得入学权，优质学区住房和普通学区住房的租金差异仍旧存在。这种租金的差异便不能够通过教育质量的差异来进行解释，那么其中一个解释是，租金的差异反映了房屋售价的差异。也就是，既然家庭愿意购买住房以获得相应入学的权利，那么学区的溢价往往会推高住房的销售价格，如果住房价格可以解释为所有未来折扣租金的总和，这就意味着优质学区的租金价格应该更高，以实现最终的销售价格在各期的折现。而另外一个解释是，由于优质小学的招生片区往往位于良好社区，租房者选择一个优质学区的住房租住也可能只是为了改善生活条件，享受较高的社区质量。

表 3.3 比较了优质学区边界两侧的房屋在住房特征方面的差异，其中，边界两侧的范围从 400 米到 350 米再到 300 米不断缩窄。通过比较发现，当学区边界两侧附近的优质学区房和普通住房之间的距离从 400 米逐步缩小到 300 米时，两侧的房屋之间的租金差异在缩小，但是居住特征差异非但未缩小反而部分特征之间的差异有扩大的趋势，且这种差别在统计意义上显著。仅就 300 米范围的两类住房来说，优质学区房某些居住属性并不尽如人意，例如，优质学区房更可能更老（房龄高出 5 年左右）、更小（出租面积小约 3.6 平方米）、更低的比例拥有电梯，从居住条件来说，优质学区的住房似乎生活条件相对较差，不过优质学区距离市中心位置更近，虽然在缩小距离范围之后这一差异的绝对值很小，但统计上依旧显著。

表 3.3　按距离划分的学区边界两侧优质学区房和普通住房的房屋特征对比

变量	300 米范围			350 米	400 米
	普通住房 (1)	重点学区 (2)	差值 (1) - (2)	差值	差值
实际每平方米租金自然对数	4.331	4.332	- 0.00100	- 0.010 *	- 0.015 ***
出租面积	68.22	64.61	3.615 ***	2.333 ***	0.293

续表

| 变量 | 300 米范围 | | | 350 米 | 400 米 |
	普通住房 (1)	重点学区 (2)	差值 (1) - (2)	差值	差值
房龄	14.48	19.38	- 4.908 ***	- 4.647 ***	- 4.061 ***
是否精装修	0.635	0.660	- 0.026 **	- 0.026 ***	- 0.025 ***
是否有电梯	0.691	0.447	0.243 ***	0.222 ***	0.161 ***
是否低楼层	0.285	0.279	0.00600	- 0.00100	0.00200
是否中楼层	0.401	0.396	0.00600	0.0140	0.00700
是否板楼	0.351	0.481	- 0.130 ***	- 0.122 ***	- 0.077 ***
是否位于二环附近及以内	0.202	0.247	- 0.044 ***	- 0.058 ***	- 0.051 ***

注：表中按照学区边界两侧300米、350米、400米的范围分别对比了优质学区房和普通住房之间的租金以及居住特征差异，并展示了基于 T 检验的差值的显著程度。其中，*、**、*** 分别表示在10%、5%、1%的水平显著。

3.4.3　边界断点回归方法估计的优质教育溢价

由于边界断点回归法的应用前提的学区边界不发生变化，因而在本节中所展示的回归结果都是基于子样本 A0 和子样本 A1，也就是说，在样本期间，要么一直是普通住宅，要么一直是优质学区房，总之其对口的招生小学未发生过变化。

我们从最基础的特征回归开始，先估计特征价格方程（3.1）并展示其结果，如表3.4中的第（1）列所示。第（1）列展示了使用 A0 加 A1 的两部分子样本的普通最小二乘（OLS）法下的回归结果，其中，school_key$_i$ 前的系数可以看作是北京市优质小学平均教育溢价的估算值。根据 OLS 结果，优质教育的溢价占平均房价的比例达到1/5。第（2）列至第（4）列则进一步展示了使用布莱克边界断点回归方法的估计结果，其中，第（2）列具有与第（1）列相同的控制变量，但是在第（1）列的基础上控制了学区边界范围，基于表3.5的对比，最终只包含了边界两侧300米范围的样本。第（3）列和第（4）列则在第（2）列的基础上依次添加了副城区虚拟变量和商圈虚拟变量，以控制不同划分下的空间固定效应。

表3.4第（2）列显示，断点回归得到的系数仅为0.073，虽然都是在1%的水平显著，但是其绝对值远低于第（1）列中OLS回归的对应值。第（3）列和第（4）列表明，在依次添加副城区虚拟变量和商圈虚拟变量之后，估计的系数依旧在1%的水平显著，但其绝对值分别下降为0.065和0.058。这一系数同现有文献中北京市教育溢价的估计也十分接近（Zheng et al.，2015）估计得到北京市教育溢价约为每平方米房价均值的6.8%。因而也可以认为，本章研究采用断点回归法得到的教育溢价在控制不同层面的空间固定效应之后是相对稳健的。

表3.4　　　优质学区溢价估计：OLS 及 RD 回归法（A1 + A0 样本）

因变量：房屋均价的自然对数 ln_price

变量	（1） OLS	（2） RD – type	（3） RD – type 控制副城区	（4） RD – type 控制副城区和商圈
school_key	0.223 *** （78.948）	0.073 *** （9.908）	0.065 *** （8.797）	0.058 *** （7.463）
housing characteristics				
square	− 0.002 *** （− 21.416）	− 0.002 *** （− 7.768）	− 0.002 *** （− 8.801）	− 0.002 *** （− 8.198）
square^2	0.000 *** （14.703）	0.000 （0.220）	0.000 （0.765）	0.000 （0.167）
age	− 0.001 *** （− 7.550）	− 0.003 *** （− 8.987）	− 0.003 *** （− 10.062）	− 0.003 *** （− 9.839）
refineddecoration	0.062 *** （34.975）	0.046 *** （13.254）	0.042 *** （12.259）	0.040 *** （11.922）
朝南（rientation）	0.042 *** （22.037）	0.054 *** （15.317）	0.054 *** （15.614）	0.054 *** （15.499）
low	0.031 *** （15.238）	0.024 *** （6.249）	0.024 *** （6.422）	0.024 *** （6.456）
medium	0.037 *** （19.773）	0.040 *** （11.140）	0.038 *** （10.862）	0.039 *** （10.987）

续表

变量	(1) OLS	(2) RD – type	(3) RD – type 控制副城区	(4) RD – type 控制副城区和商圈
community characteristics				
elevator	0. 106 *** (35. 351)	0. 057 *** (7. 959)	0. 043 *** (6. 104)	0. 044 *** (6. 307)
ventilation	0. 096 *** (39. 051)	0. 054 *** (8. 793)	0. 048 *** (8. 007)	0. 046 *** (7. 559)
ring12	0. 233 *** (73. 885)	0. 129 *** (9. 688)	0. 008 (0. 527)	– 0. 035 * (– 1. 844)
year_deal				
2014	– 0. 046 *** (– 15. 524)	– 0. 048 *** (– 8. 470)	– 0. 047 *** (– 8. 531)	– 0. 048 *** (– 8. 791)
2015	– 0. 012 *** (– 4. 536)	0. 001 (0. 278)	0. 005 (0. 927)	0. 004 (0. 853)
2016	0. 250 *** (96. 031)	0. 283 *** (55. 772)	0. 286 *** (57. 878)	0. 287 *** (58. 284)
district	控制	控制	控制	控制
subdistrict	未控制	未控制	控制	控制
block	未控制	未控制	未控制	控制
常数项	10. 573 *** (1 110. 441)	10. 427 *** (68. 630)	10. 594 *** (62. 461)	10. 698 *** (41. 498)
观测值个数	99 545	19 224	19 224	19 224
R^2	0. 474	0. 629	0. 649	0. 654

注： *、***分别表示在10%、1%的水平显著。括号内为 t 统计量。

因此，通过对比表 3. 4 中的第（1）列与其他三列中 school_key$_i$ 前的系数，可以发现，OLS 由于未能控制社区特征，因而无法控制"筛选效应"带来的内生性问题，相对边界断点回归法来说，OLS 估计得到的结果倾向于高估优质教育在住房价格中的溢价。

表3.4中其他各行还分别介绍了其他住房特征和空间位置特征如何影响房价。

由于表3.4中第（4）列控制了最大限度的空间固定效应，其得到的估计结果相对于其他列更为保守。仅就最保守的估计而言，从房屋特征上来说，首先，住房面积对房价具负向影响，住房总建筑面积的增加会降低每平方米的均价，每增加1平方米，均价大约下降0.2%，且这种影响从回归结果来看更倾向于是线性的影响①。其次，住宅房屋年龄的增加会降低每平方米均价，较高的房龄意味着更大的折旧和增加的安全风险，而且由于我国当下的住宅土地使用权为70年，因而随着房龄的增加也意味着土地使用权年限的减小，总的来说，每增加1年的房龄，会使得住房每平方米均价下降约0.3%。再次，精装修会提高房屋每平方米均价约4%，如果房屋朝向中有朝南的房间，那么均价会因此提高5.4%。最后，相对地下室来说，非地下室的楼层的房屋价格更高，高出的比例为2%～4%，就小区特征而言，回归结果表明，如果房屋所在的住宅小区配备电梯，均价会因此高出4.4%；如果住宅小区的建筑结构为板楼②，那么均价将显著相对塔楼这一建筑结构的小区高出4.6%左右。

至于空间位置的特征导致的房价差异就更为明显，在未控制副城区和商圈层面的空间固定效应时，在二环周边及其以内的住宅，其均价相对于其他位置的住房高出20%，在进一步控制了学区边界两侧的范围及其他层面的空间固定效应之后，这一差距不再显著。此外，表3.6还报告了不同交易年份中住房成交的均价差异，以2013年为基准年，可以发现，2014年总体的成交均价有所下降；2015年成交均价与2013年相比没有显著的差异；而2016年房价显著上涨，上涨幅度超过25%。

由于住房和小区特征的影响在以后的回归中保持稳健，为了节省空间，

---

① 体现在住房建筑面积的二次方项前的回归系数未能显著地不等于零。

② 板楼这种建筑结构，相对于另一种塔楼的建筑结构来说，户型更加规整，通风和日照情况都会相对更好，并且其公摊面积较小，意味着同样的建筑面积下板楼的得房率较高。

后续将仅报告 school_key$_i$ 的估计结果，并列出我们在每个回归中控制的解释变量。

3.5　第二种内生性："投资效应"与工具变量法

在布莱克（1999）首次提出边界断点回归法之后，这种方法被广泛地应用于估计优质教育在住房价格中的溢价。边界断点回归方法的应用前提是学区边界很少发生改变，并且即使学区边界发生变化，这些变化也是由购房者无法提前推断的因素造成的。但实际上，我国尤其是北京市的情况却并非完全如此。2013～2016 年，59 个优质小学的招生片区中部分片区就发生了变动，且这一变动主要来自优质小学招生片区的扩张，而这一扩张由于更容易包含相对高档的小区，使得其扩张具有一定程度的可预见性，这就导致了可预期的优质学区边界的变动，使得布莱克的边界断点回归法不再完全适用，起码对于发生了变动的样本不再适用。在本节中，我们将进一步考虑由优质学区边界的预期变化引起的内生性问题。特别是，如果一些知情的投资者发现一个小区即将被纳入优质学区，就可以通过提前购买这一小区中的房屋，期待将其再售出以赚取教育溢价带来的差价，即使他们并没有任何学龄儿童要入学。这种住宅购买行为一来不为居住，二来不为获得优质教育的入学权，而仅可被视为一种投资行为，这种投资行为会推高相应小区的住房价格，哪怕这一小区在当时还未发生学区变动，也就是说还是普通住宅。如果普通住宅的价格因此被推高，那么再比较其与优质学区房之间的差价，就会使得这一差距变小。因此，忽视这种"投资效益"会导致优质教育溢价被低估。

本节基于空间地理的泰森多边形思想建立工具变量，并将其引入教育溢价的估计，以解决这部分学区发生过变动的子样本所具备的"投资效益"的内生性问题。接下来的部分，3.5.1 节将介绍工具变量的思想及其建立方法，3.5.2 小节介绍工具变量及二阶段回归的实证结果，3.5.3 小节展示相关的稳健性检验。

3.5.1　模型设定：泰森多边形与工具变量建立

为了处理学区变动带来的内生性问题，我们需要一个与 school_key$_i$ 高度相关的工具变量，但除了通过与 school_key$_i$ 关联外，这一工具变量不会通过其他渠道影响住房价格。为了得到符合条件的工具变量，我们先回过头来看优质学区是如何划分的。具体来说，北京的学区边界应该由"就近入学"原则确定，这一原则的出发点是以地理距离为依据来划分招生片区，这就意味着根据房屋到不同学校的距离，适龄儿童"原则上"应该被分配到距离最近的小学入学就读。只不过在现实操作中，学区划分尤其是优质学区的划分还受到其他因素的影响。

基于"就近入学"划分原则的"理想"学区边界与实际的优质学区边界之间的差异为工具变量的建立提供了灵感。通过绘制基于小学地理位置的泰森多边形①，可以获得所有学校严格执行"就近入学"的"理想"学区边界。

为了直观地解释泰森多边形的思想，我们在图 3.5 中进一步解释泰森多边形的划分。为了简便起见，我们只以图 3.5 中的 10 所小区的位置举例。在图 3.5 所示的经纬度范围内，一共包含 10 所小学的地理位置，其中既有优质小学也有普通小学，每个小学的位置用十字标出。基于泰森多边形，该区域就能够以学校所在的位置为基准点被划分为 10 个多边形，形成 10 个子区域，这种划分下，对于任何一个给定的学校位置来说，其周围的细线边框就划分出了距离该学校最近的空间范围。例如，在前面的示例中曾经提到的中关村第三小学的位置用图中间的圆圈来进行强调。那么，以中关村第三小学为基准点的泰森多边形就是图中的深灰色区域，也就是严格按照"就近入学"的原则划分的"理想"学区。从图中中关村三小的招生片区内的住宅小区的分

---

① 泰森多边形（Thiessen polygon）的思想源自空间地理信息系统的方法，起初来自气候学家泰森（A. H. Thiessen）计算平均降雨量的方法。泰森多边形又可以被称作冯洛诺伊图（Voronoi diagram），得名于数学家格奥尔吉·费奥多塞维奇·沃罗诺伊（Georgy Voronoi），通过连接两个邻点之间连线的垂直平分线，得到一组连续的多边形对空间进行划分，在这样一组多边形的划分下，每个泰森多边形内的任意点到构成该多边形的基准点的距离要小于到其他任意一个多边形基准点的距离。

布可以看出，在 2012 年之前，学区划分基本严格遵循了就近入学的标准，对口的住宅小区确实全部落在了"理想"的招生片区之中，显示在图中，就是白色标记的住宅小区基本上都落在了深灰色的多边形范围内；但是在 2012 年之后，情况开始发生改变，无论是 2012 年新增的以 ■ 标记的住宅小区，还是 2015 年新增的以 ▨ 标记的住宅小区，其小区位置并没有落在 ⊡ 的"理想"片区范围内，也就是从"就近入学"的地理距离上来说，这两部分小区不应该进入中关村第三小学的招生范围，它们落在了以其他小学为基准点的泰森多边形中，也就是它们本应该被划分到另外两所小学的招生片区之中。

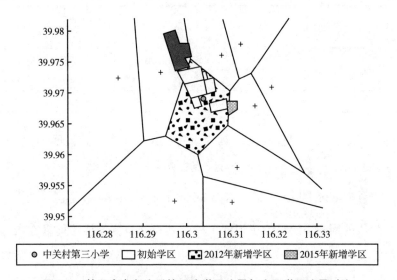

图 3.5　基于泰森多边形的理论学区边界与实际学区边界对比

注：图中横纵坐标分别代表经度和纬度，+ 标记了在对应经纬度范围内出现的 10 所小学的位置，并用 ⊙ 强调了中关村第三小学的位置。黑色实线的划分为基于泰森多边形思想划分的"理想"招生片区。⊡ 区域强调中关村第三小学的招生片区。其余用 □、■ 和 ▨ 标记的多个较小的多边形，为中关村第三小学在不同年份增加的对口招生住宅小区的位置。

在介绍了泰森多边形的思想之后，我们引入工具变量的建立。本节所选取的工具变量为 nearest_key，是一个基于泰森多边形定义下"理想"学区的虚拟变量。如果某成交的房屋位于 59 所优质小学经由泰森多边形确定的"理想"学区内，那么这一变量就等于 1，否则该变量等于 0。

在表 3.5 中，我们将工具变量 nearest_key 与可能的内生变量 school_key

进行列表对比分析，通过对比发现，在优质学区所囊括的住宅小区中，只有67.1%的社区同样被基于泰森多边形的"理想"学区所覆盖，也就是说如果严格依据"就近入学"的原则，有32.9%的优质学区房并不应该被划分到优质小学的招生片区之内，其本应该被划归为到普通小学的招生片区。这一定程度上说明学区的划分并未严格依据"就近入学"的原则，而学区的变动也可能会掺杂复杂的社会因素，这一变动一旦为家长或者投资者所预知，"投资效应"所带来的房价变动就会不可避免地给教育溢价的估计带来困难。

表3.5　　　　　　　　　小区覆盖数量：理论学区与实际学区对比　　　　　　单位:%

项目		School_key	
		1	0
nearest_ key	1	67.1	32.7
	0	32.9	67.3
总量		100	100

建立了本章节所要使用的工具变量后，我们建立二阶段回归模型（Two Stage Least Square，2SLS），其一阶段方程如下：

$$school\_key = a_s^h + \beta_s^h \cdot nearest\_key + \theta_p^{s,h} \cdot X + \varepsilon_s^h \tag{3.3}$$

一阶段的回归主要是为了识别工具变量 nearest_key 同可能存在内生性问题的解释变量 school_key 之间的相关关系，以及根据估计结果建立解释变量 school_key 中能被 nearest_key 识别出的部分 $\widehat{school\_key}$。并将新建的 $\widehat{school\_key}$ 变量代入二阶段的回归中。

一阶段的回归结果呈现在表3.6的子表A中。回归结果显示，nearest_key 前的系数在所有模型设定中都是高度显著的，表明工具变量与内生性变量 school_key 高度相关。随后子表B展示了工具变量 IV 的有效性检验结果。结果显示，工具变量 nearest_key 通过了一系列检验。因此，nearest_key 可以被视为一个有效的工具变量进入回归。

表 3.6 　　　　　　　　　一阶段回归结果及工具变量的有效性检验

A. 一阶段回归结果

解释变量	因变量：school_key		
	（1）	（2）	（3）
nearest_key	0.159 *** (67.220)	0.154 *** (59.613)	0.115 *** (43.278)
housing characteristics	控制	控制	控制
community characteristics	控制	控制	控制
year_deal	控制	控制	控制
district	控制	控制	控制
subdistrict	未控制	控制	控制
block	未控制	未控制	控制
常数项	0.087 *** (7.181)	− 0.087 *** (− 6.171)	0.053 (0.488)
观测值个数	129 422	129 422	129 422
R^2	0.138	0.180	0.282

B. 工具变量检验（控制到商圈）

识别不足检验
Under – identification test（Anderson canon. corr. LM statistic）：　　　　　787.639

　　　　Chi – sq（1）P – val ＝　　　　　　　　0.0000

弱工具变量检验
Weak identification test（Cragg – Donald Wald F statistic）：　　　　　791.790

Stock – Yogo weak ID test critical values：10% maximal IV size　　　　　16.38

　　　　　　　15% maximal IV size　　　　8.96

　　　　　　　20% maximal IV size　　　　6.66

　　　　　　　25% maximal IV size　　　　5.53

　　注：子表 A 展示 2SLS 中一阶段回归结果，用于检验工具变量与内生性解释变量之间的相关程度。子表 B 展示工具变量的一系列检验结果。其中，*** 表示在 1% 的水平显著。括号内为 t 统计量。

一旦确定工具变量的有效性，则依据一阶段回归结果建立解释变量 school_key 中被工具变量识别出的部分 $\widehat{\text{school\_key}}$，并代入二阶段回归。模型如下：

$$\text{school\_key} = a_s^h + \beta_s^h \cdot \text{nearest\_key} + \theta_p^{s,h} \cdot X + \varepsilon_s^h \tag{3.4}$$

$$\text{ln\_price}_i = \alpha + \beta \cdot \widehat{\text{school\_key}}_i + AX_i + u_i \tag{3.5}$$

其中，一阶段与二阶段回归中用到的控制变量都与上一节边界断点回归的控制变量相同，包含房屋特征、小区特征、交易年份及主城区、副城区、商圈三个层次的空间固定效应。各个控制变量前的系数基本稳健，此处为节省篇幅，不再报告其余控制变量的回归结果。

3.5.2　二阶段回归方法估计的优质教育溢价

在建立工具变量并对其进行检验之后，我们将 2SLS 模型应用于现有的样本数据中，以控制"投资效益"，进一步解决可能的内生性问题。

工具变量方法主要是为了解决样本期间优质学区发生变动的情况下，由于可预知变动带来的投资行为而引发的内生性问题，因而我们使用子样本 A2 和 A0 的组合估计教育溢价。回顾一下，子样本 A2 为住宅划片的对口小学发生过变动的样本，而子样本 A0 为在样本期间一直保持为普通住房的样本。我们继续在二阶段回归中依次按照主城区、副城区、商圈的顺序增加控制不同程度的空间固定效应。表 3.7 报告了基于工具变量的二阶段的估计结果。其中，第（1）列为只将空间固定效应控制在主城区层面的回归结果，可以发现，估计得到的优质教育溢价高达 46.7%（这一比例的计算方法为 $[\exp(0.383) - 1] \times 100\%$），而通过进一步将空间固定效应控制到商圈水平后，这一系数降至 28.7%（这一比例的计算方法为 $[\exp(0.252) - 1] \times 100\%$）。

表 3. 7　　　　　　　　　优质学区溢价估计：二阶段回归（A2 + A0）

因变量：**ln_price**

变量	(1) 2SLS	(2) 2SLS_sub 控制副城区	(3) 2SLS_block 控制副城区和商圈
school_key	0. 383 *** (35. 489)	0. 211 *** (21. 833)	0. 252 *** (17. 621)
housing characteristics	控制	控制	控制
community characteristics	控制	控制	控制
year_deal	控制	控制	控制
district	控制	控制	控制
subdistrict	未控制	控制	控制
block	未控制	未控制	控制
常数项	10. 593 *** (994. 675)	10. 760 *** (924. 108)	10. 671 *** (482. 558)
观测值个数	129 422	129 422	129 422
R^2	0. 361	0. 569	0. 588

注：*** 表示在 1% 的水平显著。括号内为 t 统计量。

根据表 3.7 中第（3）列所展示的控制所有空间固定效应后的最终回归结果，由于考虑到了优质学区变动带来的内生性问题，在样本 A0 和样本 A2 基础上采用二阶段回归得到的优质教育溢价系数接近 30%，其回归结果远远大于仅采用边界断点回归所得到的教育溢价的估计（参见 3.4 节，其结果在 6% 左右）。

二阶段回归与断点回归所得到的优质教育溢价差异较大，因而有必要对这一系数差异可能的原因作出解释。仅就本章研究的样本范围而言，针对这一系数差异有如下两个可能的原因。

第一，这证实了"投资效应"这一内生性问题的存在。根据本章前述的分析：优质学区覆盖的住宅小区的变动很大程度上可以被预测，因而会导致一系列家户和投资者的投资行为，从而抬高优质小学周边的房价，哪怕这些房屋还并未被划入该优质小学的招生片区。因而直接对比优质学区边界两侧学区房与普通住房的价格，就会低估优质教育对房屋均价的影响。二阶段回归的方法尝试解决这一可能的低估问题，因而所估计得到的溢价高于边界断点回归的结果符合本章的分析和预期。

由于在前述分析中，我们采用边界断点回归方法时只选取了子样本 A0 和子样本 A1，而在二阶段回归分析中只选取了子样本 A0 和子样本 A2，为了证实主要的估计差异来自方法的选取，而非来自样本的差异，我们进一步在表3.8中展示了由于估计方法带来的系数差异的对比。表3.8的第（1）列至第（3）列分别展示了在全样本中，OLS、边界断点回归及工具变量回归三种不同的方法得到的结果，在相同的控制变量下所得到的优质教育溢价估计。其中，边界断点回归方法依旧选取学区边界300米范围内的成交样本。从表3.8中结果可以发现，OLS回归得到的溢价估计介于断点回归和工具变量回归之间；边界断点回归方法得到的估计结果最低，这一情况符合预期，是由于边界断点回归方法主要是用于解决由于"筛选效应"带来的教育溢价的低估倾向；而工具变量回归得到的估计远高于前两种回归方法。这也证实了本章前述的猜想：工具变量的引入可以解决单纯使用OLS或者断点回归法可能忽略的由"投资效应"带来的低估问题。

表3.8　　　　　优质学区溢价估计：估计方法差异（全样本）

因变量：ln_price

变量	(1) OLS	(2) RD （边界300米）	(3) 2SLS
school_key	0.049 *** (31.252)	0.043 *** (10.551)	0.128 *** (16.611)
housing characteristics	控制	控制	控制

续表

变量	(1) OLS	(2) RD （边界 300 米）	(3) 2SLS
community characteristics	控制	控制	控制
year_deal	控制	控制	控制
district	控制	控制	控制
subdistrict	控制	控制	控制
block	控制	控制	控制
常数项	11. 404 *** (53. 000)	9. 897 (0. 002)	10. 707 *** (527. 177)
观测值个数	139 163	25 597	139 163
R^2	0. 644	0. 659	0. 638

注：表中的三列回归全部基于全样本及子样本 A0 + A1 + A2，不过需要注意的是，第（2）列中的边界断点回归法需要控制学区边界两侧的范围，因而将样本限定在了学区边界两侧 300 米的范围。*** 表示在 1% 的水平显著。括号内为 t 统计量。

第二，系数的差异可能一部分源于不同子样本之间的差异。由于两种不同的识别方法分别应用在了两类子样本中，而这两类子样本中的成交房屋具有统计意义上显著的特征差异，由此可能带来估计系数的不同。表 3.9 展示了两类子样本在住房特征以及成交年份上的差异。

采用边界断点回归法时，我们选取了 A0 + A1 两个子样本，其中，子样本 A1 中，房屋自 2013 起始终被归为优质小学的招生片区之中；而采用工具变量回归的 A0 + A2 两个子样本中，子样本 A2 中的房屋，其对口小学或者说其归属的招生片区在样本时间段内发生过变动，并且是由普通学区提升为优质学区的变动。A2 子样本的这一定义下，使得 A2 子样本中房屋的成交时间更多地集中在较为靠后的时间段。由于优质教育的溢价在 2013 ~ 2016 年不断上涨（这一上涨的证据在 3.5.3 小节会有更为翔实的证据），较为靠后的成交时间对应着较高的教育溢价。这在表 3.9 中，具体表现为 A2 子样本中在

2016 年成交的比例显著高于 A1 子样本中相应的比例，因此，二阶段回归
（IV 方法）得到的估计系数会偏高。

此外，A2 子样本相对 A1 子样本来说，更多地分布于远离城市中心的地
带（北京三、四环线）。事实上，北京市一、二环线内主要为老城区，是优
质教育资源较为集中的地区，因而在优质教育的集中地，教育质量的差异相
对较小，尤其是将样本限定在学区边界两侧 300 米范围之内后。因此，基于
A1 样本得到的优质溢价估计会相对基于 A2 样本得到的小。

表 3.9 两种子样本的特征差异：A1（RD）和 A2（IV）

变量	A1（RD）观测值个数 = 9 987	A2（IV）观测值个数 = 40 568	A1 – A2 RD – IV
	均值 1	均值 2	差值
ln realprice	10.99	10.83	0.163 ***
housing characteristics			
square	73.81	74.45	− 0.633 *
age	21.78	20.11	1.665 ***
refineddecoration	0.368	0.382	− 0.014 **
community characteristics			
elevator	0.508	0.538	− 0.030 ***
小区附近是否有地（withsubway）	0.960	0.928	0.033 ***
ventilation	0.610	0.539	0.071 ***
位置特征			
二环以内（ring12）	0.265	0.231	0.034 ***
三环和四环周边（ring34）	0.411	0.493	− 0.082 ***
year_deal			
2013	0.153	0.153	0.00100
2014	0.179	0.162	0.017 ***
2015	0.328	0.326	0.00200
2016	0.340	0.359	− 0.019 ***

注：表中分别展示了两类子样本 A1 和 A2 在居住特征、小区特征、位置特征以及成交年份等各方
面的均值及差异，并展示了其经过 T 检验的差值的显著程度，其中，* 、** 、*** 分别表示在 10%、
5%、1% 的水平显著。

一种最为直观和简单的方法来综合两种方法回归结果，就是通过 A1 和 A2 两部分子样本的相对占比，采用简单的按比例平均的方法得到北京市整体优质学区溢价。通过这一简单的算法就可以得到两类溢价的综合：

$$0.197 \times 6\% + 0.813 \times 29\% \approx 25\%$$

也就是说，如果采用最简单的加权平均方法，直观来说，2013～2016 年，北京市城六区优质教育的平均溢价约占平均房价的 25%。本章研究样本数据中，2013～2016 年房屋实际价格（2013 年价格水平）约为 48 043 元/平方米，那么其中优质教育溢价的就约为 12 011 元/平方米。

3.5.3　稳健性检验：优质教育溢价的异质性

前面得到，综合考虑"筛选效应"和"投资效应"两种内生性后，北京市六个主要城区优质小学的教育溢价约占平均房屋价格的 25%。为了进一步验证这一回归结果的稳健性，本章接下来将依据房屋的不同特征对样本进行分类，并综合前面的断点回归方法和工具变量回归方法，对优质教育溢价估计的稳健性进行检验。

3.5.3.1　价格异质性

本章依据房屋的平均价格，分别选取样本中房屋总成交价位于样本前 10% 和后 10% 分位的房屋交易记录，在此两个子样本中考察不同价位的房屋中教育溢价的差异。总成交价的高低一方面受房屋均价的影响，另一方面还受房屋总建筑面积的影响，但无论是哪方面的影响，较高的住宅总价均能够一定程度上反映购房者的财富水平。

表 3.10 给出了两部分子样本分位数回归后的结果。其中第（1）列、第（2）列显示，在总价位于下 10% 以内的房屋价格中，无论是采用边界断点回归还是采用工具变量法，得到优质教育溢价的估计系数都不显著。而对比第（3）列和第（4）列的回归系数发现，在房屋总价位于最高的 10% 样本中，

优质教育溢价十分显著，加权平均约为 17.3% 。①

表 3.10 　　　　　 优质教育溢价的异质性：总成交价的上下 10%

因变量：住房每平方米成交均价的自然对数 ln_price

变量	(1) RD 总成交价下 10%	(2) IV 总成交价下 10%	(3) RD 总成交价上 10%	(4) IV 总成交价上 10%
school_key	0.052 (0.408)	0.064 (1.126)	0.045 * (1.693)	0.186 *** (3.039)
housing characteristics	控制	控制	控制	控制
community characteristics	控制	控制	控制	控制
year_deal	控制	控制	控制	控制
district	控制	控制	控制	控制
subdistrict	控制	控制	控制	控制
block	控制	控制	控制	控制
常数项	10.440 *** (31.087)	10.947 *** (53.874)	11.297 *** (59.092)	11.697 *** (108.244)
观测值个数	607	4 651	1 210	7 743
R^2	0.876	0.819	0.839	0.725

注：表中展示了按照房屋成交总价上下各 10% 对样本进行分类后，再采用不同回归方法得到的溢价的估计结果。* 、*** 分别表示在 10% 、1% 的水平显著。括号内为 t 统计量。

3.5.3.2　教育溢价随年份的变化

考虑到房屋价格的逐年增长，教育溢价随着人们对人力资本的重视也在

---

① 需要注意的是，表 3.10 中第 (3) 列、第 (4) 列展示的回归系数相较于之前未按总价分位数分样本的结果来说较小。可能的原因是在高端房产的购买者更有可能拥有送子女进入国际学校、私立学校入读的能力，其在选择住房时对公立优质教育所赋予的份额较小。但高端市场房屋均价高达 8.7 万元每平方米，在这一基础上，尽管其教育溢价的占比低于平均水平，但其绝对价值高达 1.5 万元每平方米，依旧高于总体样本计算得到的教育溢价的水平值。

逐年增长。本节考察住房价格中，优质教育溢价随年份的变化。

本节依据房屋的成交年份，将样本按照 2013～2014 年、2015～2016 年两个成交时间段进行划分。在此两个子样本中考察不同年份成交的住宅，其均价中的优质教育溢价的估计值是否发生了变化。表 3.11 给出了两部分子样本中分别使用两种估计方法回归后得到的结果。其中第（1）列和第（2）列显示，2013～2014 年成交的房屋样本中，边界断点回归和工具变量回归得到的优质教育溢价估计分别为 5.3%（exp(0.052)−1）和 27.0%（exp(0.239)−1），这两个估计值皆小于基于 2015～2016 年成交的样本回归得到的结果，对应不同方法得到的结果分别为 7.1%（exp(0.069)−1）和 36.5%（exp(0.311)−1）。这一证据表明，随着时间的推移，人们对优质教育的赋值在逐年增长。

表 3.11　　　　　　　　优质教育溢价的异质性：成交年份

因变量：ln_price

变量	(1) RD 2013～2014 年	(2) IV 2013～2014 年	(3) RD 2015～2016 年	(4) IV 2015～2016 年
school_key	0.052 *** (4.935)	0.239 *** (13.380)	0.069 *** (4.082)	0.311 *** (8.391)
housing characteristics	控制	控制	控制	控制
community characteristics	控制	控制	控制	控制
year_deal	控制	控制	控制	控制
district	控制	控制	控制	控制
subdistrict	控制	控制	控制	控制
block	控制	控制	控制	控制
常数项	10.758 *** (33.044)	10.638 *** (177.188)	10.623 *** (28.788)	10.854 *** (142.888)
观测值个数	5 360	38 110	3 935	28 892
R^2	0.791	0.682	0.760	0.579

注：表中展示了不同年份下，边界断点回归和工具变量方法所得到的优质教育溢价的估计。***表示在 1% 的水平显著。括号内为 t 统计量。

同时这一差异也印证了前述研究对边界断点回归和工具变量回归得到系数差异的第二种解释：由于发生过学区变动的样本较多的集中于 2015～2016年，这一时间段中，优质教育溢价相对前两年已经有所上涨，因而基于子样本 A2 和子样本 A0 得到的优质教育溢价的估计相对较高。

3.6　综合内生性处理：双重差分回归

在经过 3.4 节和 3.5 节对两类内生性的问题处理之后，我们发现了不同回归方法下得到结果的巨大差异，并且通过一种较为简单、直观的方法，对两类方法得到的优质教育溢价估计进行加权平均，得到北京市教育溢价的平均在 25% 左右。不过这一估计仍旧较为粗糙，因而本节的目标是，在上述研究的基础上，综合估计北京市学区房溢价，处理学区发生变动的样本和未发生变动的样本中不同的内生性，得到一般的优质教育溢价的估计。通过前述对数据的统计描述，我们已经发现优质学区房除了所属片区和普通学区不同外，在居住特征、小区特征以及区位特征，乃至买卖双发的人口特征上均和普通学区房存在差异。因而要估计优质教育溢价就需要考虑控制上述同时影响房价的混淆效应（confounding effect），并综合考虑样本期间优质学区发生变动的情况。为此，本节循序渐进，采用了三种方法：一是作为基准的最小二乘估计法；二是考虑到学区变动后引入双重差分法（DID）；三是在前述边界断点回归方法的基础上，将其与双重差分法进行结合。接下来的部分，首先介绍本节的实证策略；其次展示基准的回归结果；最后通过稳健性检验考察回归结果的可信性。

3.6.1　实证策略

1. 最小二乘法

我们先回顾基准的 OLS 模型设定，由于本部分同时考虑了发生和未发生学区变化的样本，因而将关键的解释变量设定为 key_{it}：

$$\ln\_price_{it} = C + \beta key_{it} + \lambda X + \varepsilon_{it}, \tag{3.6}$$

其中，$\ln\_price_{it}$ 为在学年 t 成交的住宅 i 实际价格（以 2013 年价格为基准）的自然对数[①]，虚拟变量 key_{it} 取值为 1 时表示 t 时刻成交的二手住宅 i 为优质学区房，同时强调了成交住宅和成交的时间。ε_{it} 为误差项。控制变量 X 包括房屋特征[②]、买卖双方特征；时间趋势和空间固定效应。这里表示空间的变量包括环数（二环以里、二至三环、三至四环等）、城区（东城、西城、海淀、朝阳、丰台、石景山）、副城区（48 个）和商圈（168 个）。

2. 边界断点法

由于 OLS 没有控制内生性，也就难以区分购买学区房是否是因为该社区生活更方便而并非因为想获得优质学区教育，因而可能会高估房价中的优质教育溢价。边界断点回归法（RD）的思路是将样本集中在一段区域从而有效控制社区特征差异，以期解决内生性问题。具体而言，是在最小二乘法基础上增加代表该成交房屋距离优质学区边界 m 最近的学区边界虚拟变量 $boundary_m$：

$$\ln\_price_{it} = C + \beta key_{it} + \sum_{m=1}^{M} \rho_m boundary_m + \lambda X + \varepsilon_{it} \tag{3.7}$$

使用 RD 方法的关键在于确定边界的宽度，以及验证在这一边界内学区房和非学区房在社区特征上没有统计上显著的差异。本章研究将学区边界在 1 000 米逐渐收窄至 500 米范围，并检验边界两侧房屋特征差异是否仍然存在。在很窄幅边界时学区房和非学区房的社区特征仍然存在统计上显著差异的情况下，则进一步采取每平方米实际租金作为房屋质量及社区质量的综合量化指标。这是因为虽然近年来原则上学区租房者可以申请入学，但要遵循购房者优先的原则，因此，在样本期内租房者往往不能享受入学

[①] 这里学年依据小学发布招生简章的时间确定，当年 6 月份至第二年 6 月份记为一学年。本章研究重点关注学区溢价及其变化，因而采取学年的划分相对自然年份的划分更符合市场的成交周期及家户的行为模式。

[②] 变量为房屋建筑面积及其平方、房龄、装修程度（精、简装修、毛坯房（基准组））、楼层（低、中、高楼层及地下室（基准组））、有无电梯、100 米范围内是否有地铁及户型（几室几厅：从一室零厅、一室一厅到四室四厅及其以上等虚拟变量）。买卖双方特征包括了买卖双方的年龄及其平方、性别（男或女）和出生省份；时间趋势控制了成交自然年及以 6 月份为分界点的学年虚拟变量。

权。在这一制度安排下，租金中并不包含优质小学入学权的价值，但优质教育资源的聚居效应使得优质学区的社区质量较高这一社区质量效应可以体现在租金中。

3. 双重差分法

使用 RD 方法的一个基本前提是学区边界甚少变动较少。前述中有 1.9% 的房屋交易发生在"新晋"学区 A2 中。因此，可以进一步采用双重差分法来估计学区房溢价，即周边普通住宅作为对照组，以发生变动住宅小区为疗效组（treated group），通过将发生变动小区的房屋与周边距离最近的普通住宅区配对，即可通过如下双重差分来分析学区变动给房价带来的变化：

$$\ln\_price_{it} = C + \beta key_{it} + \delta treatment_i + \gamma_t + \sum_{n=1}^{N} \mu_n match_n$$

$$+ \sum_{m=1}^{M} \rho_m boundary_m + \lambda X + \varepsilon_{it} \tag{3.8}$$

其中，双重差分法回归在最小二乘的基础上，控制了变动的组别效应 $treatment_i$ 和时间趋势 γ_t，$treatment_i$ 等于 1 表示成交房屋 i 所在住宅小区为经历学区变动的小区，γ_t 等于 1 表示房屋成交日期在学区变动发生之后。模型还控制了小区配对的固定效应 μ_n，学区变动住宅小区与其最近的普通住宅之间共建立 N 个配对组，$match_n$ 表示该房屋属于 N 个配对中的第 n 个。

进一步，我们还可以将 RD 和 DID 相结合，将配对组的距离限定在 500 米范围内，考察变动组房屋均价与其 500 米范围内的普通住宅相比价格的变动方向及幅度，由此得到估计系数 $\hat{\beta}_{DID}$，可被视其为学区升级给非学区房带来的价格变动，将其与 $\hat{\beta}_{RD}$ 比较，我们能够评估学区变动后新晋学区房的教育溢价是否能够在短期内追赶上原有优质学区的溢价。

在本部分我们分别报告基于 OLS、RD 和 DID 的回归结果。其中，OLS 回归采用全部样本，RD 回归采用学区未发生变动的样本（A0 和 A1），而 DID 则集中在分析学区发生变化的样本和从未发生变化的普通学区样本（A0 和 A2 样本）。

在使用 RD 方法前需要确定学区边界，理想的社区边界应当是在该边界内学区房和非学区房的社区特征没有统计上显著的差异。由于实证分析中可能会出现无论边界缩到多小，社区特征仍然存在差异的情况，例如，四环内外两边的房屋虽然距离很近，但区位差异还是可能很大。这里，我们以租金作为主要判断标准：如果一段边界内学区房和非学区房的租金相似，则可认为这两类房屋综合区位特征相似。表 3.12 展示了本章研究对断点回归边界范围的选择过程，从第（1）列到第（3）列，我们分别估计了不限定边界范围、将边界范围限定在 1 000 米和 500 米时，学区房和非学区房是否存在租金的显著差异。在不限定边界范围时，优质学区的租金显著高出 1.8%；当边界范围缩减为 1 000 米时，学区虚拟变量仍在 10% 水平上显著；当把样本限定在边界 500 米范围内，两侧房屋的租金在控制其他房屋特征后不再有显著差异，这意味着以租金作为综合指标时，学区边界 500 米范围内的房屋质量和社区质量几乎可以视为无显著差异。在此范围内得到 RD 回归系数 $\widehat{\beta_{RD}}$，可以视其为控制了社区质量等其他可能影响因素后的教育溢价估计。

表 3.12　　　　　学区边界的确定，实际房屋租金的自然对数为因变量

项目	RD A0 + A1 （1）	RD A0 + A1（1 000 米） （2）	RD A0 + A1（500 米） （3）
优质学区	0.018 *** （0.005）	0.009 * （0.005）	0.002 （0.006）
观测值	157 652	113 566	85 001
R^2	0.687	0.654	0.636

注：表中各列控制的变量包含房屋特征、时间趋势、空间固定效应以及学区边界虚拟变量。*、*** 分别表示在 10%、1% 的水平显著。括号内为稳健的标准误。

使用 DID 的一个前提是平行趋势假设成立，即学区变动前子样本 A0 中的房价同子样本 A2 中的房价走势一致。因此，在报告估计结果前我们首先报告平行趋势假设的检验结果。为此，对第 t 年第 i 间成交的二手房，其房价决定模型为：

$$\ln\_price_{it} = C + \rho \cdot treatment_{it} \cdot \sum_{m=2013m1}^{'y'm6} month_m \cdot PreTreatment_t$$
$$+ \sum_{n=1}^{N} \mu_n match_n + \sum_{m=1}^{M} \rho_m boundary_m + \lambda X + \varepsilon_{it}, t$$
$$= 2014,2015 \ or \ 2016 \tag{3.9}$$

其中，系数 ρ 度量变动发生前两类房屋月度的价格趋势；变动组别变量 $treatment_{it}$ 在房屋 i 在第 t 学年晋升为优质学区时取值为 1，否则为 0；虚拟变量 PreTreatment$_t$ 在第 t 学年变动前取值为 1，之后为 0。在样本期间的 2014 年 6 月、2015 年 6 月和 2016 年 6 月均有学区发生变动，因此，3.9 实际包含了三条回归等式。我们依据其变动年份分别将其与附近的普通住宅配对，以配对后的普通住宅作控制组，比较两者时间趋势是否一致。控制变量 X 与前述相同。由于 2014 学年变动样本过小，月度时间趋势不显著，因而本章研究仅展示 2015 学年（见图 3.6）和 2016 学年（见图 3.7）的平行趋势检验结果。图 3.6 和图 3.7 中空心圆均标记变动组的月度时间趋势及 95% 的置信区间，实心三角则标记了相应控制组的月度趋势及置信区间。图 3.6 和图 3.7 均显示，在发生学区变动之前两组房价的月度趋势基本一致，且置信区间也大部分重合，因而未拒绝平行趋势假定，可采用 DID 方法作回归分析。

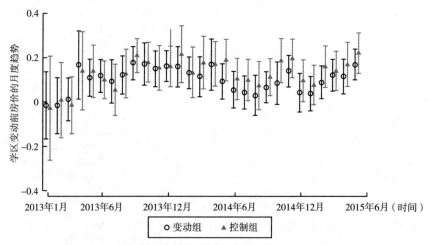

图 3.6　2015 年学区变动前变动组与控制组房屋均价趋势对比

注：本图展示 2015 年 6 月变动前学区及其对照组的时间趋势。其中，空色圆标记变动组的月度时间趋势及其相应 95% 置信区间，实心三角标记控制组相应的时间趋势及置信区间。

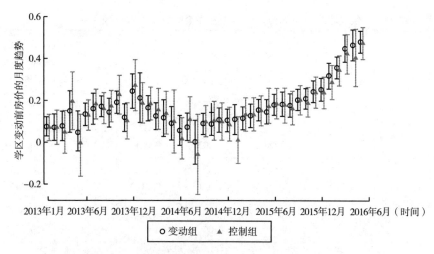

图 3. 7 2016 年学区变动前变动组与控制组房屋均价趋势对比

注：本图展示 2016 年 6 月变动前学区及其对照组的时间趋势。其中，空色圆标记变动组的月度时间趋势及其相应 95% 置信区间，实心三角标记控制组相应的时间趋势及置信区间。

3. 6. 2 基准回归结果

表 3. 13 报告了 OLS、RD 和 DID 方法下的教育溢价估计。对 RD 和 DID，我们分别报告了不控制学区边界的结果（第（2）列和第（4）列）和将学区边界控制在 500 米以内的结果（第（3）列和第（5）列）。从空间层面来看，房屋所在环数越靠近城市中心房价越高；而在限定学区边界 500 米范围，这一空间效应则不再显著，从另一个角度表明 500 米边界范围的选取能够有效控制空间层面的其他影响房价的因素。当使用 OLS 对全样本作估计时，得到教育溢价为 11. 6%；如果不控制学区边界时估计出的溢价高达 14. 8%，但控制了边界 500 米范围时 RD 方法估计溢价约为 10. 5%，为三组值中最小的。这些结果表明，如果未能较好地控制社区特征，就可能导致高估学区房溢价。①

────────────

① 这一估计结果与以往文献估计结果较为接近，参见 Zheng，Hu and Wang（2016）。另外，其他房屋特征对房价的影响基本合理且保持稳定，为节省篇幅未在表 3. 13 中展示。

表 3.13　　　　优质学区溢价估计，实际房屋售价的自然对数为因变量

项目	OLS 全样本	RD A0 + A1	RD A0 + A1 (500 米)	DID A0 + A2	DID A0 + A2 (500 米)
	(1)	(2)	(3)	(4)	(5)
优质学区	0.116 *** (0.002)	0.148 *** (0.003)	0.105 *** (0.004)	0.035 *** (0.007)	0.015 ** (0.007)
二环以里	0.133 *** (0.007)	0.169 *** (0.011)	0.004 (0.014)	0.121 *** (0.009)	0.070 (0.047)
二至三环	0.059 *** (0.005)	0.068 *** (0.006)	− 0.013 (0.010)	0.054 *** (0.006)	0.013 (0.025)
是否控制学区边界	否	是	是	是	是
是否控制学区变动组	否	否	否	是	是
是否控制小区匹配	否	否	否	是	是
观测值	139 904	137 188	67 294	129 612	8 040
R^2	0.766	0.780	0.781	0.754	0.746

注：本表中各列控制变量包含房屋特征、买卖双方特征、时间趋势及空间效应。** 、 *** 分别表示在5% 、1% 的水平显著。括号内为稳健的标准误。

表 3.13 中 DID 方法报告了学区变动带来的房价变化。与距离最近的普通住房相比，晋升为优质学区房使得房价显著上涨约 3.5% ，见第（4）列；即便限定两处住宅距离在 500 米内，这一学区变动带来的房价溢价仍达 1.5% 。也就是说，当一处房屋晋升为优质学区内的学区房，它的房价会比附近类似的非学区房显著上涨 1.5% ~3.5% 。虽然这一上涨幅度与平均 10.5% 的溢价相比要低，但考虑到从学区变动到房价上涨的时间窗口较短、由于房产交易成本的存在及家户对学区变动不确定性的顾虑等因素，新晋学区房价追赶老牌学区房价涨幅需要一个过程是可以理解的。

基于以上分析，本章研究以边界 500 米范围内的 RD 方法为基准，进一步以学年为单位逐年估计优质教育溢价，进一步考察溢价随时间的变动，并在表 3.14 中报告学年度的溢价估计结果。表 3.14 显示，2013 ~2015 学年，

优质学区溢价逐年递增①：2013～2015 学年的学区溢价约为 8.7%、11.1% 和 12.2%，且全部在 1% 水平下显著。表 3.14 同时列出了对应系数的 95% 置信区间，其中，2013 学年与 2015 学年回归系数置信区间无重叠，因此，2013 年和 2015 年系数存在显著差异。如果以 2013 年 1 月价格为基准来比对当年房屋的实际均价并计算学区房溢价可得：2013 学年非学区房平均房价约为 4.3 万元/平方米，2015 学年为 4.7 万元/平方米，则对应的学区溢价在 2013 年约为每平方米 3 901 元，2015 学年上涨至每平方米 6 102 元，上涨幅度超过 50%。②

表 3.14　优质学区溢价逐年估计，实际房屋售价的自然对数为因变量

项目	RD 2013 学年 （1）	RD 2014 学年 （2）	RD 2015 学年 （3）
优质学区	0.087 *** （0.010）	0.111 *** （0.008）	0.122 *** （0.007）
95% 置信区间	[0.068, 0.105]	[0.095, 0.127]	[0.109, 0.134]
观测值	8 646	15 232	24 174
R^2	0.723	0.765	0.776

注：本表中各列控制变量包含房屋特征、买卖双方特征、时间趋势、空间固定效应及学区边界。*** 表示在 1% 的水平显著。括号内为稳健的标准误。

3.6.3　稳健性检验

在报告学区房溢价的估计之后，我们进一步检验结论的稳健性，这主要包含两部分：一是也许对房价得到的溢价估计是由于模型设定的一些具体安排导致，若换成租金其实也会看到显著差异；二是除了以普通学区房为对照组外，也考虑以始终是优质学区房的学区为对照组来考察我们的发现是否自洽。

表 3.15 展示了基于租房数据得到的基准回归结果。由于样本期内北京市

---

① 为保持结果可比，仅对比了样本期间完整的三个学年，即 2013 年 6 月～2014 年 5 月，2014 年 6 月～2015 年 5 月，2015 年 6 月～2016 年 5 月。

② 溢价水平值的近似计算方法为：$Premium_y = (\exp(\hat{\beta}_y) - 1) \cdot Price_y$，$y$ 为对应学年。

的小学入学资格仅对房屋产权所有者开放，租房者不能享受房屋所附带的教育资源，因此，具有可比性的学区和非学区房屋租金中不应包含优质教育的溢价。

表 3.15　　租金中优质学区溢价估计，实际房屋租金的自然对数为因变量

项目	OLS ALL (1)	DID A0 + A2 (2)	DID A0 + A2 (500m) (3)
优质学区	0.039*** (0.004)	−0.004 (0.011)	−0.010 (0.012)
是否控制学区边界	否	是	是
是否控制小区匹配	否	是	是
是否控制学区变动组	否	是	是
观测值	157 652	147 338	10 108
R^2	0.678	0.691	0.633

注：本表中其他控制变量包含房屋特征、买卖双方特征、时间趋势及空间固定效应。*** 表示在 1% 的水平显著。括号内为稳健的标准误。

根据表 3.15 第（1）列报告的 OLS 回归结果，我们发现，优质学区内的房屋租金比普通住宅显著高约 3.9%，这可能是由于优质学区聚居效应带来的社区优势，也就是这两类房屋仍然不具可比性。我们进一步限定学区边界两侧的样本距离并采用 RD 回归，发现当将样本限定在 500 米范围内时，优质学区对应的回归系数不再显著。这表明同样方法下租房不需支付教育溢价，因此，我们在表 3.13 中看到的学区溢价是由于购买学区房以获得优质基础教育的效果。

前述我们基于子样本 A0 和 A2 实施 DID 回归，考察了新晋优质学区相对普通学区的房价变动。表 3.16 基于同样的模型设定，但将样本选取为 A1 和 A2，意在考察新晋优质学区相对老牌优质学区的价格差异。第（1）列和第（2）列的结果同时显示，无论是否将样本限定在 500 米的范围之内，老牌学区相对于新晋学区价格都要高出 4% 以上，这从另一个方面证实，新晋学区并不会在短期内追赶上老牌学区房的价格。此外，根据表 3.16 中第（1）列的回归结果，老牌学区的价格比新晋学区高出 4.6%，综合表 3.13 中第（4）

列的结果，新晋学区比普通学区价格高约 3.5%，两者相加约为 8.1%，比较接近 500 米范围内 RD 方法估计得到的平均优质教育溢价（10.5%），这表明，学区变动产生的溢价虽然需要一段时间去追赶得到长期认可的学区的学区房溢价，但拆解后看到的溢价水平有收敛的趋势，这也从另一个角度表明学区溢价的估计是比较稳健的。

表 3.16　　　优质学区溢价估计，实际房屋售价的自然对数为因变量

项目	DID A1 + A2 （1）	DID A1 + A2（500m） （2）
优质学区	0.046 *** （0.006）	0.042 *** （0.007）
学区变动组	0.035 *** （0.007）	0.049 *** （0.009）
观测值	12 304	4 403
R^2	0.768	0.801

注：表中其他控制变量包含房屋特征、买卖双方特征、时间趋势、空间固定效应以及学区边界和小区匹配虚拟变量。*** 表示在 1% 的水平显著。括号内为稳健的标准误。

3.7　本章结论

教育公平，特别是基础教育的机会公平，是整个社会公平的基础和底线，是中国教育现代化的重要组成部分。作为首都，北京市在义务教育均等化政策方面作出的成就和改革方向，对全国均有示范作用。对现有的基础教育入学政策分析和定量评估就显得更加重要。

在经济社会飞速发展的中国，学区房以及优质教育溢价的估计面临着现有西方文献中未曾考虑过的问题。城市化进程中，旧城区的改建、新社区的规划等都会导致现有学区划分的变动。而且，不同于西方等发达国家，中国的小学隶属义务教育范畴，绝大部分中国的中小学属于公立学校，其经费来自政府拨款，而非社区缴纳的房产税，因此，政府的政策变化往往也会导致学区的进一步变动①。

中外学区房所面临的国情不同，给中国学区溢价的估计带来了新的挑战。如果不考虑学区变动带来的投资行为，优质学区溢价将被低估。因此本章基于西方文献中经典的边界断点回归方法，同时结合中国国情，考虑了由于学区变动带来的内生性问题，创新性地利用泰森多边形思想建立工具变量，通过样本分类分别处理"筛选效应"和"投资效应"两种内生性，最终得到北京市学区溢价约在 25%。

本章以北京为例，基于二手房成交和租房成交数据研究了优质教育资源在房价中的溢价，并分别考察了样本期间学区溢价的逐年变动情况以及学区划分的变动给相应房产带来的价格变化。我们发现，基于学区未发生过变动的样本，在学区边界 500 米范围内的 RD 方法估计显示：2013～2016 年，北京市 59 所优质小学的溢价约在 10.5%。基于同样的方法估计得到这一优质教育溢价在样本期间逐年攀升，从 2013 学年的 8.7% 上涨至 2015 学年的 12.2%，对应实际价格水平从 2014 年的每平方米 3 901 元上涨至 2016 年的每平方米 6 102 元。以优质学区平均面积 74 平方米计算，北京市教育溢价在 2016 学年达到 45.2 万元（2013 年 1 月价格水平）。除此之外，本章就学区变动带来的房价变动进行了分析。以发生过学区变动的住宅小区为变动组，周边普通住宅为控制组，基于双重差分法发现某住宅小区在晋升为优质学区之后，其房屋均价会显著上涨 1.5%～3.5%，这一上涨哪怕控制两组样本距离于 500 米范围之内依旧显著。

本章研究的主要贡献如下。

首先，本章研究收集了北京市房地产市场二手房和租房翔实的微观交易记录，与此同时，收集样本期的优质小学逐年的招生简章并将其图片文字化，辅之以实地考察、电话查访等方式，得到了优质小学同招生片区内住宅小区之间的精准匹配，以及对应招生片区内住宅小区逐年的变动情况，为北京市优质教育溢价的估计提供了翔实的数据基础。

---

① 例如，2017 年 3 月北京市教改的实施带来北京市"单校划片"到"多校划片"的重大学区变动。这一变动也必然会带来学区溢价的变化。但本章研究所采用数据样本时间跨度为 2013～2016 年，因而并未收到这一政策变动的影响。

其次，基于数据较长的时间跨度的优势，本章估计了在相应期间不同学年每年度的教育溢价，评估了教育溢价逐年的变动趋势。

再次，由于数据收集中发现了学校对口招生片区内包含的住宅小区发生变动，基于这一部分样本，允许本章考察由于学区变动带来的房价变动。

最后，本章在实证方法的运用中，还以租金作为一所住宅居住属性和社区特征的综合指标，为常用的断点回归法提供了新的社区特征控制策略。

北京市学区溢价在样本期间的上涨一定程度上反映了教育差距的加大，这为后续进一步的政策评估及教改方向提供了必要的参考。单纯实施"就近入学"政策可能难以实现基础教育入学公平的目标，反而有可能造成高昂的学区溢价，进一步加剧教育机会的不平等，使得优质教育资源越来越多地聚集在财富较多的家庭手中。同时，学区变动带来房价显著但较小浮动的变化，也证明了房地产市场反映教育资源价格的变动需要时间，除去房地产交易高昂的交易成本，家户对经历调整后的学区及政策往往因其不确定性而持观望态度，后续政策的调整也应该将市场的反应时间纳入政策制定的考虑之中。

第4章　基础教育改革政策效应

4.1　"3月"教改及其实施

"要想真正理解任何一个教育主题，都必须要把它放到机构发展的背景当中。"[1] 立足当下，当我们想了解目前的城镇公立义务教务制度，就需要对其发展历程有所了解。以北京市为例，目前义务教育的格局形成，历经了多年的政策调整。

在第3章中，我们详述了北京市基础教育入学制度的形成和变化，并在此基础上估计了2013～2016年优质教育在住房价格中的溢价。"幼升小"与户籍的明确挂钩，促使一大部分适龄儿童家长购买重点小学片区的房屋，俗称"学区房"。学区房价水涨船高[2]，为了控制房价，北京市接连从首付利率、"二套房"定义、限购规定等多个角度发布房市调控政策，同时，教育部门为避免学区房过热，也开始调整"单校划片""就近入学"的入学政策。

"就近入学"是一种基于居住地的教育资源分配制度，在发达国家和发展中国家都普遍存在，不过具体实施细则略有区别。有的国家租房和购房者拥有同样的权利；有的国家购房者优先于租房者，或者附加按照居住和纳税时间等条件进一步排序。在这样的制度安排下，虽然教育公共品的配置不直接与收入或者学生成绩挂钩，但由于住房市场是完全商品化的，居住地是可

---

① ［法］爱弥尔·涂尔干. 教育思想的演进［M］. 李康译. 上海：上海人民出版社，2003.
② 举例来说，北京市中关村第三小学 2016 年二手房成交均价高达 10.1 万元。数据来自链家。

自由选择的，从而造成了教育资源的货币化，体现在名校周边学区房的高房价或者高租金。

2017 年 3 月，北京市政府连续出台多项房市调控政策，从首付、贷款利率、"二套房"界定、商住房买卖等多个角度调控房价。其中，还伴随着北京市教委 3 月 25 日发布《2017 年义务教育阶段入学工作意见》，明确提出"单校划片"和"多校划片"相结合的入学方式，以缓解学区房价的飙升。

表 4.1 中，我们对 2017 年 3 月一系列针对住房市场和学区房市场的调控政策进行了梳理。

表 4.1　　　2017 年 3 月相关住房市场和基础教育改革政策梳理

出台时间及政策类型	具体政策及内容
3 月 17 日 信贷调控①	"认房又认贷" 二套房首付普通 60%，非普 80%；认房又认贷；贷款年限由 30 年下调至 25 年；公司购买商住房 3 年后才能出手
3 月 21 日 信贷调控②	"提高贷款利率" 16 家银行缩小首套房贷款利率优惠幅度，0.9 提升至 0.95
3 月 22 日 税费调控③	"连续个税 60 个月" 5 年改为 60 个月
3 月 23 日 约谈中介④	"杜绝过道学区房" 北京市住建委约谈本市十大中介机构，明确禁止中介机构参与炒房、囤积房源、哄抬房价。逢"涨"必查、逢"炒"必"办"
3 月 24 日 界定资格⑤	"离婚一年内不算首套" 从 2017 年 3 月 24 日起，离婚 1 年内贷款买房，商贷和公积金贷款都算二套房。禁止在首付款中"加杠杆"。已成年无固定收入借款人参照二套房贷

---

　　① 《关于完善商品住房销售和差别化信贷政策的通知》，http：//www. bjjs. gov. cn/bjjs/xxgk/gfxwj/zfcxjswwj/416704/index. shtml。

　　② 《北京 16 家银行首套房贷优惠幅度收至 95 折》，新京报，2017 – 03 – 21。

　　③ 《北京市地方税务局 北京市住房和城乡建设委员会关于进一步严格购房资格审核中个人所得税政策执行标准的公告》，www. bjjs. gov. cn/bjjs/xxgk/gsgg/417813/index. shtml。

　　④ 《中介机构不得参与炒房！市住建委上午约谈北京十大中介机构》，http：//www. bjjs. gov. cn/bjjs/xxgk/xwfb/417915/index. shtml。

　　⑤ 《离婚 1 年内房贷算二套》，http：//www. bjjs. gov. cn/bjjs/xxgk/xwfb/418122/index. shtml。

续表

出台时间及政策类型	具体政策及内容
3月25日 教育改革①	"扩大幼升小多校划片" 明确提出"单校划片"和"多校划片"相结合的入学方式，在以往个别区域和学校参与多校划片招生基础上，扩大参与多校划片的学校数量和比例，意在使更多学生参与分配优质教育资源机会，促进入学机会公平
3月26日 商住房限购②	"新建商住房不得出售个人" 商办类项目不得作为居住使用，新建项目不得出售给个人，二手项目出售给个人时需满足名下无房且在北京已连续五年缴纳社会保险或者连续五年缴纳个人所得税两个条件。商业银行暂停对个人购买商办类项目的个人购房贷款
3月27日 整顿中介③	"整顿中介" 目前已有38家房地产中介被责令关停或停业整顿。1家房地产中介公司已自行关停

伴随着房地产市场的系列调控，北京市教委也出台了一系列相关政策改革基础教育对口入学制度。2016年，教育部下发《教育部办公厅关于做好2016年城市义务教育招生入学工作的通知》，提出再教育资源配置不均衡、择校冲动强烈的地方，根据实际情况积极稳妥采取多校划片。2017年3月，北京市教委发布《2017年义务教育阶段入学工作意见》，明确提出单校划片和多校划片相结合的入学方式，在以往个别区域和学校参与多校划片招生的基础上，扩大参与多校划片的学校数量和比例，而单校划片入学则需要严格的"人户实际调查"，调查入学学生及监护人是否在登记地实际居住。

在多校划片下，教育资源与居住地不再是一一对应的关系，而是一对多的关系，每一居住地不再唯一对应一所学校，学生随机分配到所属学区的某一所学校。相对于单校划片，多校划片使得过去属于非学区房的学生也有可能上到名校，而居住在过去学区房的学生也有可能去普通学校就读，换句话说，多校划片在一定程度上减少了学区房和非学区房的界限，减少了商品房

---

① 《北京2017义务教育入学政策发布：入学年龄要求不变》，http：//www. xinhuanet. com/2017 - 04/16/c_1120818934. htm。

② 《关于进一步加强商业、办公类项目管理的公告》，http：//www. bjjs. gov. cn/bjjs/xxgk/qtwj/fwglltz/418214/index. shtml。

③ 《38家中介被严惩? 90余家自行停业 新政实施首周房地产中介执法效果显现》，http：//www. bjjs. gov. cn/bjjs/xxgk/xwfb/418337/index. shtml。

市场上的成交价差。

不过，多校划片的政策执行也存在着诸多阻力和需要解决的问题。例如，多校划片造成了新旧居民"同房不同权"，使得政策的实施和推广存在一定的阻力。同时，住房上附着的教育资源发生变动，住房价格就会跟随政策的实施而变动，造成了房价的相应波动和居民财富的再次分配。而且，尤为需要注意的是，多校划片毕竟是就近入学前提下的多校划片，片区的选择没有固定标准可以依据，现实操作中由于诸多因素的影响，会使如何定义随机分配、如何重新划分片区成为需要政府决策的难题。其影响因素包括：如何界定租房者和购房者的区别、如何确定时间点区分居民购房先后的差异、如何界定落户后户籍的区别以及居民房本性质的区别等。举例来说，在优质教育资源较为集中的区域，推行多校划片阻力会较小，对于房地产市场的影响也不大。但是，在存在少量优质小学但周边普通学校占比相对较大的区域，推行多校划片的阻力就会较大，对于房地产市场的影响也是巨大的。

这一新规的出台，表明了北京市教委推广"多校划片"的决心。但这一新规具体将由各城区教委负责执行，随后的执行过程中，各城区教委执行依据各自城区的教育资源背景而有所差异，实施方式也有所差别。其中，最为明确实施的是朝阳区教委，其明确提出在 2017 年 6 月 30 日后取得的不动产权证书所对应的实际居住地址不再对应一所学校，适龄儿童将依据实际居住地参与该区统筹分配。这意味着原本"单校划片"的对口学区房在 2017 年 6 月 30 日之后有极大可能会失去单校对口的资格，被纳入多校派位的流程中。

而其他城区的调整则相对保守，西城增加了"全区派位入学"制度，在优质小学原有的招生名额之外，新增一定比例的名额用于实行小学入学的"多校划片"派位。东城区则提出要积极稳妥地探索"单校划片"和"多校划片"相结合的入学机制，小升初则继续巩固完善就近划片的入学办法。海淀区提出，小学入学将继续实施六年一学位制度，并逐步推进"多校划片"入学方式，加大入学资格审核，取消小升初推优，降低特长生比例。差异化的政策实施，为估计"多校划片"对房价的影响提供了机会。

表 4.2 展示了在北京市教委提出"多校划片"改革政策之后，主要城区随后出台的实施细节及推行力度。可以发现，在北京市教委公布了"多校划

片"的改革方后，下属西城、东城、海淀、朝阳、丰台、石景山这六个主要的中心城区，只有朝阳区在当年 6 月 30 日前明确宣布了实施日期。

表 4.2　　　　　　　　　　2017 年 3 月教改之后各区相应的实施细节

城区	具体实施细节
朝阳区①	要点：明确 2017 年 6 月 30 日后取得的不动产权证书所对应的实际居住地址不再对应一所学校，适龄儿童少年根据实际居住地参与该区统筹分配。 实际实施情况： 1. 确定实施日期②。 ①有"单校划片"，大部分是"多校划片"。 ②总体还是遵循了"就近入学"这个原则。 ③2017 年 6 月 30 之前取得房本的家庭，孩子今后入学基本不受影响。 2. 朝阳区 2017 年幼升小将继续以 15 个学区为格局，幼升小的划分将不变③。 3. 持工作居住证按京籍处理。 4. "六年一学位"：2017 年起，原则上小学六年内、初中三年内只提供实际居住地址服务范围内的一个入学学位④
海淀区⑤	要点：小学继续实施六年一学位，逐步推进多校划片入学方式；加大入学资格审核；小升初取消"推优"，增加登记入学，降低特长生比例。 实际实施情况： 1. 海淀区预计小学入学需求约为 2.9 万人，预计学位缺口近 5 000 个⑥。 2. 工作居住证加海淀自有房产按京籍处理⑦。 3. 不限房产落户时间，有房产没落户仍可登记⑧。 4. 非京籍需签署服从调剂

---

① 《朝阳区发布 2017 年义务教育入学政策》，http：//zhengce. beijing. gov. cn/library/192/34/35/436047/160891/index. html。

② http：//www. jzb. com/bbs/thread – 5946546 – 1 – 1. html。

③ http：//www. ysxiao. cn/c/201703/10868. html。

④ http：//www. jzb. com/bbs/thread – 5327927 – 1 – 1. html。

⑤ 《解读海淀区教委发布 2017 义务教育阶段入学工作实施意见》，http：//zhengce. beijing. gov. cn/library/192/34/738532/160881/index. html。

⑥ http：//www. jzb. com/bbs/thread – 5329829 – 1 – 1. html。

⑦ http：//www. jzb. com/bbs/thread – 6545288 – 1 – 1. html。

⑧ http：//www. jzb. com/bbs/thread – 5329842 – 1 – 1. html。

续表

城区	具体实施细节
丰台区①	要点：9 月 1 日起逐步实行购置"二手房"的房主子女通过多校划片派位的方式入学。 实际实施情况： 1. 多校派位②。 第一顺位有选择权。第一顺位单校划片，然后才是多校派位。 京籍有房儿童均会确定有一个对口入学的学校，享受单校划片；未选择单校划片入学的京籍儿童少年，可选择放弃对口学校参加多校划片派位入学。 2. 丰台区小学入学仍划分为 12 个片区，继续实行单校划片与多校划片相结合的入学方式。参加计算机分配的共有 9 927 名儿童，其中 6 155 人被单校划片录取，3 617 人被多校划片录取（2017 年 6 月 23 日上午分配)③
东城区④	要点：积极稳妥探索单校划片和多校划片相结合的入学机制。小升初继续巩固完善就近划片入学办法，通过一般初中（优先发展初中）登记入学、学区服务片电脑派位方式安排入学。 实际实施情况： 大部分学校接收了四顺位以上的学生，部分优质学校甚至到了六顺位。 京籍的单校，非京籍的多校⑤
西城区⑥	幼升小集体户、非京籍多校划片。严格实际居住地审核。初中入学取消"有条件派位"，增加"全区派位入学"⑦。 实际实施情况： 1. 首次实行的小学入学多校划片派位入学方式，共有 972 人报名，符合多校划片派位条件的适龄儿童有 922 人⑧。 2. 部分片区有跨片校选项：一些片区的学校二顺（含二顺）以下开始调剂，另外一些片区的学校旁系空挂、四代以下开始调剂⑨

①　《海淀朝阳丰台顺义公布今年"幼升小""小升初"政策　学区房被挤压　多校划片成趋势》，载《北京晚报》，2017 - 4 - 27，http：//bjwb. bjd. com. cn/html/2017 - 04/27/node_116. htm。

②　http：//www. jzb. com/bbs/thread - 5260692 - 1 - 1. html。

③　http：//www. xschu. com/xiaoshengchu/26/20890. html。

④　《东城区关于 2017 年义务教育阶段入学工作的意见》，http：//www. bjdch. gov. cn/n1468259/n1989271/c5364522/content. html。

⑤　http：//www. jzb. com/bbs/thread - 6334290 - 1 - 1. html；http：//www. 360doc. com/content/17/0928/09/657625_690777091. shtml。

⑥　《离婚 1 年内房贷算二套》，http：//www. bjjs. gov. cn/bjjs/xxgk/xwfb/418122/index. shtml。

⑦　《司马红副区长做客"政民互动直播间"解读义务教育入学招生政策》，http：//www. xchjw. gov. cn/getContentById？id = 501。

⑧　http：//www. ysxiao. cn/c/201706/12442. html。

⑨　http：//www. ysxiao. cn/c/201706/12767. html。

续表

城区	具体实施细节
石景山区①	要点：非京籍适龄儿童实施单校划片与学区内多校划片计算机派位相结合的入学方式，京籍适龄儿童采用单校对口就近登记入学和多校对口学区内派位入学相结合的升学方式。 实际实施情况： 1. "九年一学位"：当划片服务学校学位不足时，划片服务范围内每个住房产权地址六年内只能协调解决一户对口入学申请。小区配套学校为九年一贯制义务教育学校的，划片服务范围内每个住房产权地址九年内协调解决购房人子女一户对口入学申请②。 2. 网上填报志愿的方式，计算机按志愿顺序随机录取。网上志愿须填满，否则无效。 京籍学生录取结束后，录取非本市户籍学生，优先录取父母在石景山区有房产的非本市户籍。 派位结果不得调整③

本书评估了从 2017 年 3 月开始的北京市基础教育入学改革对房价的影响，并且利用了北京市城六区中只有朝阳区宣布了改革的具体实施日期，而其他五个区"多校划片"的具体实施日期仍不明确的事实。本书研究主要采用的是面板数据方法（Hsiao，Ching；Wan，2012），利用其他城区同期的住房价格估计出一个朝阳区的"拟合房价"，这一"拟合房价"的走势象征着如果朝阳区也同样不公布具体的时间节点，那么房价会是如何的。基于这一估算出来的"拟合房价"，我们就可以求解在公布了具体"多校划片"实施的日期后，朝阳区房价的变化方向和幅度。

为了保持结果的稳健性，本书分别选取城区和阶段两个层面，尝试基于面板数据方法（HCW）计算朝阳区的"拟合房价"。基于六个城区的面板和14 个街道的面板结果基本一致，证明了本方法的选用是较为稳健的。而且，数量结果进一步表明确切的"多校划片"的改革实施日期，使得朝阳区的房价下降，下降幅度约为 4.6%。此外，合成控制方法（synthetic control method）也被用于稳健性检验，结果与我们所选用的 HCW 面板数据方法相似。

---

① 《石景山区 2017 年义务教育阶段入学工作方案》，http：//zhengce. beijing. gov. cn/library/192/33/50/438650/160901/index. html。

② http：//bj. bendibao. com/edu/201753/240475. shtm。

③ http：//www. jzb. com/bbs/thread‐5387386‐1‐1. html。

4.2　面板分析方法

　　继（HCW，2012）提出这一面板方法之后，有研究进一步表明，即使所研究的价格序列是非平稳的，HCW 面板方法中 OLS 回归也能够对处理组（变动发生组）的"拟合价格"得到一致的估计，也就是证明，HCW 面板方法可以应用于 I(1) 过程（Bai et al.，2014）。因此，本书可以基于房价面板来估计"实施效果（treatment effect）"。

　　基于 HCW 方法的思路，我们将北京市城六区中除朝阳区外的五个城区按照城区和商圈两个空间层面进行划分，分别得到城区、商圈两个层面的面板数据[①]，时间跨度为 2012 年 1 月 ~ 2017 年 12 月。其中，2017 年 3 月底之前的数据用于获得其他地区对朝阳的拟合系数，之后的数据用于得到朝阳区的"拟合房价"，并对比真实房价得到新政的实施结果。

　　假设时间 $t = 1$，…，T_1，…，T，其中 T_1 代表朝阳区公布严格执行"多校划片"的时间节点，那么在 $t > T_1$ 也就是公布政策之后，朝阳区严格执行这一政策的"实施效应"可以被记为：

$$\Delta_{1t} = P_{1t}^1 - P_{1t}^0 \tag{4.1}$$

其中，P_{1t}^1 代表公布政策实施的朝阳区在时间 t 时的住房价格水平；P_{1t}^0 代表没有公布这一严格政策实施的朝阳区在时间 t 的住房价格水平。然而，这两个价格却不能够在现实中被同时观测到。如果以 d_{1t} 代表政策的实施情况，那么 d_{1t} 在 T_1 前等于 0，而在 T_1 时间点之后等于 1，因此，朝阳区实际的房屋价格可以用序列 P_{1t} 代表：

$$P_{1t} = d_{1t}P_{1t}^1 + (1 - d_{1t})P_{1t}^0，其中 t = 1,\cdots,T_1,\cdots,T, \tag{4.2}$$

并且在公布实施细节后 $d_{1t} = 1$ 。

　　依据 HCW 面板方法，朝阳区公布政策严格实施后的拟合价格可以记为

[①]　其中，城区层面的房价数据可以将时间单位设定为每周，商圈层面只能获得月度数据。

$\widehat{P^0_{1t}}$，并可以依据以下步骤计算。

我们先基于公布前的房价数据，将朝阳区房价 P^0_{1t} 在其余城区房价 $(1, \tilde{P}_t)$ 上进行回归，依据公式回归得到 (α_1, β') 的估计值：

$$P^0_{1t} = \alpha_1 + \beta' \tilde{P}_t + \epsilon_{1t}, \text{其中 } t < T_1 \tag{4.3}$$

之后我们依据估计得到的系数以及其他城区的房价面板，可以得到在政策实施之后朝阳区的拟合房价，也就是 $t > T_1$ 时朝阳区的拟合房价。

北京市教委于 2017 年 3 月 25 日公布了"多校划片"的基础教育改革政策，之后下属各个城区开始制定相关的实施细节①。朝阳紧接着就公布了将要严格执行这一政策，并明确了"多校划片"的实施日期，而此时其他城区的实施细节还未明确。由于市场在得到政策严格实施的消息之后就会有所反应，所以接下来本书选择 2017 年 3 月 25 日作为 T_1。

数据依旧是来自北京最大的房产中介。面板数据的时间跨度为 2012 年 1 月 ~2017 年 12 月。基于北京市住房的微观交易数据，我们搭建了周度面板数据，共涵盖五个城区：西城、东城、海淀、朝阳、丰台②。

为了检验这一面板数据是否满足 HCW 方法中所应该满足的假设（Bai et al.，2014），我们还需要对数据进行单位根检验。表 4.3 汇报了五个城区住房价格序列扩张的迪基 – 福勒检验（Dickey – Fuller Test）结果，并汇报了麦金农（Mackinnon）近似 p 值和 t 统计量，其中，一阶差分的算法为当周房价与 52 周前的房价之间的差异的自然对数，可以近似视作年度的增长率。

表 4.3　　　　　　　　　单位根检验：扩张的迪基 – 福勒检验

城区	房价的自然对数					房价的一阶差分				
	漂移项		趋势项		样本量	漂移项		趋势项		样本量
	p_drift	t_drift	p_trend	t_trend		p_drift	t_drift	p_trend	t_trend	
西城	0.1086	−1.4769	0.3713	−2.4158	301	0.0394	−1.7650	0.7211	−1.7655	245
东城	0.6794	−0.4051	0.8569	−1.4136	301	0.0322	−1.8577	0.4570	−2.2585	245

---

① http://www.xinhuanet.om/2017 – 04/16/c_1120818934.htm。

② 此处没有采用石景山的住房价格时间序列，是因为石景山的成交样本过少，不能够搭建周度时间序列，因而我们将重点放在了另外五个城区。

续表

	房价的自然对数					房价的一阶差分				
	漂移项		趋势项		样本量	漂移项		趋势项		样本量
海淀	0.4774	−1.7482	0.7439	−1.7158	305	0.0645	−1.5229	0.8145	−1.5414	253
朝阳	0.6814	−1.8661	0.7977	−1.5864	301	0.0645	−1.5233	0.8233	−1.5168	245
丰台	0.2003	0.4832	0.9400	−1.0298	193	0.3596	−0.3604	0.3154	−2.5254	136

注：本表分别汇报了基于住房价格水平和房价一阶差分序列的扩张 Dickey – Fuller 检验的 Mackinnon 近似 p 值和 t 统计量。其中，房价的一阶差分是基于当周房价与上一年相应周之间的房价差值。Drift 表示这一检验允许漂移项，Trend 表示检验中包含了时间趋势。所有检验采用了两期滞后项，不过，表中所展示的结果对之后项的期数选择稳健。

表 4.3 中的前四列展示了基于房价水平值自然对数的结果，从前四列的结果来看，无论 ADF 检验是否包含漂移项或趋势项，基于这五个城区房价自然对数序列的检验都不能拒绝单位根假设。而对于房价一阶差分的自然对数，当包含漂移但不包含趋势时，五个城区中的四个城区的序列可以拒绝单位根假设，然而，当包含趋势项时，无论是否包含漂移，都不能拒绝单位根假设。

也就是说，房价水平的自然对数序列都可以被视为是 I(1) 过程，满足应用 HCW 面板方法的前提假设，因此，可以采用使用 HCW 面板方法。而且依据文献（Bai et al. , 2014），我们后续回归中还将包括一个可选的时间趋势项来做稳健性检验。

4.3 政策力度与政策效应

我们将五个城区 2012 年第 1 周 ~2017 年第 12 周（也就是教改政策公布的时间点）的周度面板应用于如下回归：

$$P_{1t} = \alpha_1 + \beta' \tilde{P}_t + \gamma t + \epsilon_{1t}, \ t < 2017 \ \text{年第} 12 \ \text{周} \tag{4.4}$$

其中，P_{1t} 代表朝阳区的房价序列，$\tilde{P}_t$ 代表剩余各区的房价序列，由于西城房价序列在回归中的系数不显著，因此，在模型（4.4）的后续回归中，只包含了东城、海淀和丰台三个区。同时，模型（4.4）中依据文献（Bai et al. ,

2014）的研究还包含了一个可选的时间趋势 t 来避免由于 I(1) 过程中的漂移项带来的潜在的多重共线性。

基于式（4.4）的回归，政策的实施效果就可以根据如下公式获得：

$$\hat{\Delta}_{1t} = P^1_{1t} - \hat{P^0_{1t}} \tag{4.5}$$

其中，$\hat{P^0_{1t}}$ 是政策实施后朝阳区的拟合房价，其计算方法如下式所示：

$$\hat{P^0_{1t}} = \alpha_1 + \hat{\beta'}\tilde{P}_t + \gamma t + \epsilon_{1t}, t \geq 2017 \text{ 年第 } 12 \text{ 周} \tag{4.6}$$

表 4.4 汇报了基于公式（4.6）的实证结果。从表 4.4 中我们发现，无论是否在回归中包含时间趋势项，最后得到的结果的拟合程度 R^2 以及显著程度 F 值都较高。总的来说，加入时间趋势不会对回归结果的大小及显著程度有过大的影响，随后我们在比较估计得到的拟合房价时，这一说法依旧成立。

表 4.4　　　　　　　　各城区房价对朝阳房价的拟合程度回归

城区：朝阳区作为实验组（Treatment Group）

城区	(1) 系数	(2) T 值	(3) 系数	(4) T 值
西城	—	—	—	—
东城	0.466 ***	11.868	0.453 ***	11.296
海淀	0.273 ***	5.034	0.286 ***	5.139
丰台	0.205 ***	5.228	0.151 ***	4.098
时间趋势	-0.000 ***	-3.435	—	—
常数项	1.106 ***	6.642	0.993 ***	5.934
观测值	213		213	
R^2	0.965		0.963	
F	1 812		1 812	

注：表中汇报了基于公式（4.2）得到的其他城区对朝阳区房价的拟合程度系数，并分别汇报了包含时间趋势和不包含时间趋势的回归结果。*** 代表在 1% 水平的显著程度。

表 4.4 中第（1）列和第（2）列展示了在包含时间趋势的时候，估计得到的系数与相应的 T 值，第（3）列和第（4）列为不包含时间趋势的回归结果，通过对比，我们可以认为两类回归的结果基本一致。

其他三个城区的房价都与朝阳的房价呈正相关关系，其中东城的房价与朝阳的关联度最高，这相对来说容易理解，因为从地理位置上来说，东城比海淀和丰台更靠近朝阳区。

根据表 4.4 中的估计值，在没有明确实施"多校划片"日期的情况下，构建朝阳区的拟合房价。在公布严格实施之前的观测值为 213 个，公布之后的观测值总计 40 个，出于简便考虑，表 4.5 中给出了 2017 年 3 月以后，朝阳区月度实际价格和拟合价格以及相应的实施效果的一阶矩统计值。

表 4.5　　朝阳区月度真实房价与拟合房价的一阶矩统计值及实施效果

单位：元/平方米

月份	真实房价	包含时间趋势		不包含时间趋势	
		拟合房价	实施效果	拟合房价	实施效果
2017 年 5 月	70 618	72 445	−1 827	72 400	−1 782
2017 年 6 月	67 512	70 321	−2 808	70 298	−2 786
2017 年 7 月	65 544	69 186	−3 642	69 186	−3 641
2017 年 8 月	65 084	68 619	−3 534	68 629	−3 545
2017 年 9 月	65 173	66 952	−1 779	66 986	−1 813
2017 年 10 月	62 767	66 763	−3 996	66 804	−4 037
2017 年 11 月	62 964	65 320	−2 356	65 382	−2 418
2017 年 12 月	62 731	65 704	−2 974	65 771	−3 040

注：表中展示了 2017 年 3 月朝阳区公布严格实行学区改革后每个月的平均实施效果的估计。这里使用的拟合价格已经转化为水平价值。

通过表 4.5 我们可以发现，2017 年 3 月之后，严格政策的公布带来了显著的负向的实施效应：4~6 月间，也就是仅仅公布了即将严格实行"多校划片"（此时规定的实施日期还未到来），负向效果就已经产生。

图 4.1 展示了 HCW 方法下用城区面板得到的朝阳区的"拟合房价"与真实房价的对比。实线表示朝阳区 2012 年 1 月~2018 年 1 月的真实房屋成交价格，虚线表示依据其他几个城区计算得到的朝阳区"拟合房价"。其中，相对其他政策实施较为保守的城区，新的政策实施后朝阳区的实际房价下跌约 4.6%。

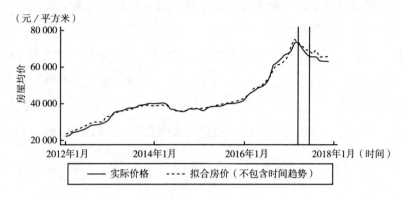

图4.1　朝阳区真实房价与拟合房价对比：城区面板

图4.2展示了基于14个商圈面板计算得到的朝阳区拟合房价与真实房价的走势，从图4.2中依旧可以发现，计算出的"拟合房价"相对真实房价较高，平均来说在政策实施后，朝阳区由于教改新政导致的住房价格下跌约在4.7%左右。

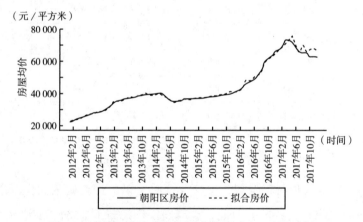

图4.2　朝阳区真实房价与拟合房价对比：商圈面板

这一拟合通过了一系列的安慰剂检验（placebo test），证实朝阳区明确实施新的政策给房价带来的下行影响是显著且稳健的。同时，我们还发现，在朝阳区的二手房成交中，原本是重点学区的住宅其价格下跌幅度更加明显，比普通住宅多出约2%。同时，由于朝阳区的新规将于6月30日开始执行，朝阳区4月发布新规后，5月和6月的房屋成交量上涨约40%，这也从另一个角度证明，家长欲在新规实施之前，把握住最后一次可以保证子女进入对口"单校"的机会。

　　本章研究利用北京市城六区中只有朝阳区宣布了严格实行"多校划片"改革的确定实施日期，而其他五个城区截至当年 6 月份的具体实施日期尚不明确这一事实，评估了北京市 2017 年 3 月的基础教育改革对房价的影响。采用萧政等（Hsiao，Ching，Wan，2012）首次提出的面板数据方法，利用其他地区同期的房价估计了在宣布实施日期后朝阳区的拟合房价。将该模型应用于 6 个区和 14 个街道的房价面板，结果显示朝阳区的房价较改革实施日期降低了约 4.6%。

第5章 优质空气在住房价格中的溢价

5.1 "奢侈" 的蓝天

近年来，中国城市化进程的飞速发展，伴随而来的空气污染问题也越来越引发学界和公众的关注。中国城市化率从 1982 年的 20.43% 逐年上升至 2018 年的 59.58%，城镇常住人口达到了 7.9 亿人。伴随着人口的不断聚集，人均机动车保有量和燃料的消耗也在逐年攀升，其中，城镇居民平均每百户家用汽车拥有量从 2000 年的 0.5 辆上升至 2018 年的 41.0 辆，生活汽油消耗总量从 2000 年的 227.6 万吨上升至 2017 年的 3 294 万吨。[①] 人口的聚集、机动车的普及以及染料的消耗，无一不加重着城市生态环境的压力。众所周知，由于工业化废气排放或者居民日常燃油产生的废气会带来城市及其周边的空气污染，而严重的空气污染会危害人类的健康，并且空气中的硫化物会损坏文物建筑，颗粒物较高的天气会降低城市道路能见度，严重影响着城市的宜居程度和居民的生活体验。

从空气污染对当地居民的幸福感和健康状况的影响（Zhang et al., 2017），到空气污染的跨边界传播给邻国的疾病率和死亡率带来的影响（Jia and Ku, 2015），众多研究都关注着空气质量给人类生活和健康带来的危害。不过，除去这些直接的生理性影响，空气质量状况还逐渐成为经济运行中的重要影响因子，其变动和趋势被纳入居民经济决策和市场定价的范畴。例如，

---

① 资料来源：国家统计局、CEIC。

从防雾霾口罩的普及和空气净化器的热销，到生态旅游的热潮，再到人们对绿地、公园的追捧，这些现象都意味着人们已经开始为洁净的空气买单。文献中利用中国空气净化器的销售估计人们对洁净空气的支付意愿，这种支付意愿在一定程度上反映了人们对环境污染的关注程度（Ito and Zhang，2016）。郑思齐等（2013）研究发现，公众对环境的关注度能够有效督促地方政府采取一系列措施来改善环境的污染状况。因此，估计城市居民对优质空气的支付意愿就显得尤为重要和迫切。

房地产市场为优质空气溢价的研究提供了一个切入角度。国内外众多研究证实，污染程度和当地住房价格之间存在负向的相关关系（Rosen，2002；Blomquist et al.，1988；Gyourko and Tracy，1991）。其中，利用韩国首尔房地产的调查数据发现，随着空气中污染物（主要是 SO_2）浓度的下降，其浓度每下降4%对应周边的住房价格上升1.43%（Kim et al.，2003）。如果城市之间的迁徙不是那么容易，那么一般的特征价值估计会低估人们对空气质量改进的支付意愿，而在考虑迁移成本后，基于美国的数据发现，人们愿意为洁净空气的支付额度有了较大提升，其中，空气质量1%的改善将使得人们愿意为之支付149~185美元（Bayer et al.，2009）。同样基于美国数据发现，人们愿意为空气悬浮颗粒减少 $1\mu g/m^3$ 支付平均住房价格的1%（Anselin and Lozano – Gracia，2008）。在特征价值法基础上，进一步加入工具变量法（IV），利用"环境未达标"作为空气悬浮物的工具变量，发现空气悬浮颗粒的永久下降 $1\mu g/m^3$，使得人们愿意在相应区域的住房价格上多支付0.28%（Chay and Greenstone，2005）。

除了负向相关的研究，也有研究发现空气污染在成交当天对住房价格存在正向的影响。实证结果显示，成交当天的 $PM_{2.5}$ 浓度每上升100单位，当日成交二手房每平方米均价上升0.19%（Qin et al.，2019）。该研究从行为经济学角度出发对此进行解释，认为行为经济学中的显著偏差和认知偏差（salience and projection bias）理论可以说明为什么交易当天的空气质量对人们当时的行为方式有着"即时"影响，主要的作用机制是认为空气质量的恶化将导致购房人拥有房屋的意愿更为突出，在这种强烈的需求推动下，会在买卖双方之间达成更高的房屋成交均价。

不过，一般来说，购房人从看房到买房需要一段时间，仅考虑成交当天污染程度对房屋价格的影响不能完全代表购房人的实际决策过程。为了明确空气质量对房屋均价的影响，需要明确如何选择衡量空气质量的时间跨度。本书收集到的数据显示，一套房屋成交平均需要一个半月左右（均值 46.1 天，中位数 34.0 天），在这一期间购房人通过实地看房了解房屋及其周边环境，并在此基础上形成大致的心理价格。基于此，我们选取房屋成交前 45 天作为房屋的成交周期，发现成交周期内空气质量与房屋均价之间显著的负向关系：成交前 45 天优质空气每减少一天，房屋成交均价下降 0.1% ~ 0.3% 不等，且这一结论在不同的回归设定下依旧稳健。本书所采用的数据以及基准回归设定在一定程度上保持了与现有文献（Qin et al.，2019）结果的可比性，所得到的显著且稳健的负向相关关系，一方面说明了基于房屋成交周期的时间跨度选择有一定合理性和代表性，另一方面也证明了影响房屋成交价的因素中包含了房屋周边的空气状况，空气污染的加重将显著降低房屋均价。

国内研究中，基于中国 35 个主要城市的房屋价格和空气质量指数，得到空气中 PM_{10} 浓度[①]每增加一个标准差，会使住房价格降低大约 9%（Zheng et al.，2010）。并从空气污染的跨边界外部性（cross boundary externality）出发，利用城市空间位置（相对沙尘起源地的方向等）构建工具变量，证明城市中来自外部的污染每下降 10%，会增加当地住房价格约 0.76%（Zheng et al.，2014）。张博和黄璇（2017）则基于全国所有地级市数据，证明 PM_{10} 年平均浓度每增加 $1\mu g/m^3$，人们支付的住房价格下降约 0.9%。陈永伟和陈立中（2012）基于青岛市商品房交易数据，发现空气污染指数每下降一个指数，同期商品住房价格增加 1.74%。王健俊和俞雪莲（2018）基于成都市 19 个区县数据，发现中高端住宅的消费者更愿意为优质空气支付较高的价格。

如果以房屋总价作为衡量家庭财富的标准，现有研究发现，"蓝天"对城市家庭来说更像是奢侈品，拥有财富较多的家庭更愿意、也更有能力为优质空气买单。但目前有关空气质量支付意愿的研究中，能够关注到不同城市

---

① PM_{10} 指的是粒径小于等于 $10\mu m$ 的颗粒物，之后用到的 $PM_{2.5}$ 同理，指粒径小于等于 $2.5\mu m$ 的颗粒物。

居民对优质环境偏好异质性的研究还不够充分。在中国的城市化历程中，随着城市人口的流动，城市人口结构和人口特征也在不断地发生变化。王健俊和俞雪莲（2018）发现了优质空气偏好随财富增加而增长的"奢侈品"属性，但除了以房屋总价为衡量的家庭财富水平，家庭的收入水平或者未来的预期收入增长也有可能影响人们对优质空气的支付意愿。

此外，年轻的家庭预期收入增长较快，同时由于观念的更新，更加注重生活的环境质量。加之子女年龄较小更易受到环境质量的影响，为了尽可能保证儿童的生活环境，较年轻的家庭在选择住宅时更有动力注重周边的空气质量。但由于年轻家庭财富积累刚刚起步，在购房过程中预算相对紧张，因而往往面临优质空气和较低住房价格之间的取舍。那么，在优质空气的支付意愿中，不同特征的城市家庭分别做了哪些取舍呢？通过估计优质空气的支付意愿及其差异，本章将试图回答这一问题。

关注不同群体对"蓝天"偏好的差异性，有助于形成对优质环境溢价更为全面和深入的理解，同时能够在城市人口结构性变化的背景下，形成更为准确、具体的环境溢价评估，为未来公共政策的制度提供量化参考。

本章的主要贡献有以下三个方面。

第一，本章立足北京市城六区，将二手住宅真实交易数据与城市空气质量、天气状况等数据合并，形成优质空气溢价估计的详细数据集。本章研究数据为二手房真实成交价，相对网签价、挂牌价，更能真实反映空气质量在房屋价格形成中起到的作用。

第二，本章基于房屋成交周期，利用周期内空气质量各个等级天数构建衡量空气质量的量化指标。样本数据显示，房屋自挂牌至成交大约需要一个半月左右，因而本章采用房屋成交前 45 天周边各个空气质量等级天数作为空气质量的衡量指标，获得了更为稳健的回归结果。同时，为了保持同以往文献的可比，本章也包含了以颗粒物浓度作为自变量的稳健性检验。

第三，在估计空气质量对房屋成交价格影响时，本章着重考察了不同特征房屋价格受空气质量影响的异同。我们发现，除了总价较高的房屋价格中包含更高的优质空气溢价外，较为年轻的家户在购房过程中，更倾向于为优质空气支付一定的价格。此外，房屋周边的空气质量会显著影响买卖双方的议价能力，空气质量越差，买方得到的让价幅度越大，且越年轻的家户因此得到的让价越显著。

接下来，本章将按照如下次序展开：首先，介绍研究所使用的相关数据以及指标的建立；其次，给出研究所采用的回归方程和模型设定；最后，展示研究所得到的实证结果并总结。

5.2　空气质量的非线性指标

本部分展示了本章研究用到的二手房交易数据和北京市空气质量数据，时间跨度皆为 2014 年 1 月 ~2016 年 12 月。

选择北京市的原因有二：第一，由于地理和气候因素，北京市空气质量空间、时间上的变化幅度较大，并且北京市拥有全国瞩目的二手房交易市场。北京市尤其城六区的住宅交易近年来以二手房为主，二手房交易时，买卖双方在议价过程中能更多涵盖双方，尤其是买方在实地考察过程中对周边空气质量的感知，相对新房、期房的出售，二手房的议价过程也更加完全。第二，北京市作为首都，其环境政策相对其他地区更频繁，且强度较高。其空气质量的改善和调控也属于政策的瞄准重点。空气质量的时间和空间差异，加之二手房的实时成交记录，为研究的开展提供了充足的可操作性和样本量，同时也有利于形成针对性的政策参考。

接下来的部分，首先介绍空气质量数据，证明城市内部不同区域、不同时间的空气质量存在显著差异；其次介绍本章研究所用的二房交易数据的来源、特征及其代表性；最后定义本书研究所用到的解释和被解释变量。

5.2.1　空气质量数据

作为国家大气污染监测网的一部分，北京市空气质量自动监测系统由 35 个监测点位组成，并且由北京市环境保护监测中心每日公布实时检测数据，另有北京市环境状况年度公报公布北京市分区空气质量年度数据。

就本研究收集到的数据显示，城市内部的空气质量在空间和时间两个维度上都存在着相当程度上的差异。不同区域和不同时间段内成交的房屋周边的空气质量因此存在显著的差别，这种差别使得进一步在城市内部估计优质空气质量的溢价成为可能。

5.2.2 房屋交易数据

本书研究住房价格数据来自北京市最大的房屋中介，其在北京市拥有超过 1 500 个门店以及 33 000 位房地产经纪人，根据北京市住房和城乡建设委员会公布的网签数据，2017 年 1 月，经由此中介网签的二手房交易占据北京市二手房市场份额的近 40%。2013～2016 年，此房屋中介的总经手成交量逐年上升，2016 年经手成交量达到 5 万余条，交易量超过住建部公布总成交量的 50%。

本书研究用到的房屋交易数据时间跨度为 2014 年 1 月～2016 年 12 月，为保证数据质量，只选取了东城、西城、海淀、朝阳、丰台、石景山六个中心城区的房屋交易记录，数据清理①后共有超过 150 000 条记录，所涉小区达到 4 000 余个。每条记录包含某二手房的成交总价、建筑面积、户型装修等房屋特征、所在小区附近有无地铁等位置信息以及该二手房成交签约的时间（精确到天）；此外，还进一步匹配了某房屋是否为重点学区房等信息，以便控制住房价格中所包含的其他公共资源的溢价。

图 5.1 展示了本书研究所用数据与官方宏观住房价格指数的走势对比。可以发现，基于本书研究数据计算得到的环比住房价格增长率与官方数据走势基本一致。证实无论是从样本数量还是其统计特征，本书的研究数据都能够基本代表北京市房地产近几年的特征。

我们拥有房屋所在小区和北京市 35 个观测站的经纬度信息，因此，可以依据各小区和观测点之间的空间距离为房屋匹配其距离最近的观测点，进一

---

① 数据清理包含剔除成交总价或者房屋面积缺失的记录，并对平均价格进行了在其分布上的第 0.1 和第 99.9 百分位上的缩尾调整（Winsorize）。

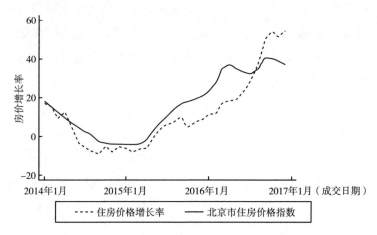

图5.1 年度平均住房价格增长率和北京市住房价格指数

步根据房屋成交日期匹配其成交当天及前若干天该观测点所记录的空气质量情况。

两部分数据合并后，我们展示了北京市城六区住宅小区的分布观测站的分布，如图5.2所示。

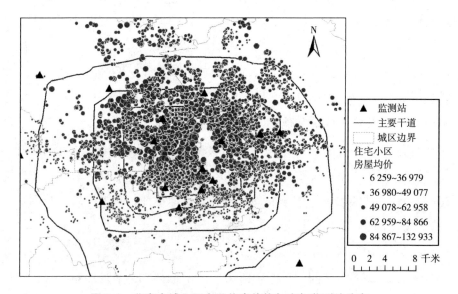

图5.2 北京市城六区小区住房价格与空气监测站分布

注：为了展示清晰，这里主要包括的是五环路以内的区域。

图 5.2 中的圆点为有成交记录的住宅小区，其圆点的大小代表着该小区平均每平方米住房价格的高低，大体呈现趋势为越靠近城中心平均住房价格越高。黑色三角标记出了分布于城六区的空气监测站位置，虽然并不是所有 35 个监测站都被城六区所涵盖，但城六区内较为平均的监测站分布已为本书的研究提供了足够的空气质量变化。

表 5.1 展示了空气质量数据在与房屋数据匹配后，样本中北京市在 2014 ~ 2016 年每日 $PM_{2.5}$ 浓度的均值和标准差。

表 5.1　样本中北京市 2014 ~ 2016 年每日 $PM_{2.5}$ 浓度的统计描述

成交年份	均值	标准差	最小值	最大值
2014	99.41	78.11	3	475
2015	89.61	82.56	3	603
2016	73.51	64.34	3	508
总计	84.03	74.69	3	603

5.2.3　变量定义及统计描述

本书中被解释变量 ln（住房价格）是平均每平方米住房价格（元/平方米）的自然对数，其他解释变量主要如下。

5.2.3.1　空气质量数据的介绍

（1）空气质量各个等级在成交前出现的天数。本书研究中用于衡量空气质量的"直观指标"包含成交房屋附近当天在内的前 7 天、30 天、45 天，直到前一年中各个空气质量等级所占的天数。

空气质量的等级划分依据 2012 年环境保护部发布的《环境空气质量指数（AQI）技术规定（试行）》[①]，囿于数据所限，依据对应的 $PM_{2.5}$ 日均浓度值推算出当日的空气质量等级，具体可参见表 5.2。

---

① 详见 http://kjs.mep.gov.cn/hjbhbz/bzwb/jcffbz/201203/t20120302_224166.shtml。

表 5.2 空气质量的等级划分与对应 $PM_{2.5}$ 浓度

空气质量分指数（IAQI）	0	50	100	150	200	300	400	500
$PM_{2.5}$ 24 小时平均（$\mu g/m^3$）	0	53	75	115	150	250	350	500
空气质量指数	0～50		51～100	101～150	151～200	201～300	>300	
空气质量指数类别	优		良	轻度污染	中度污染	重度污染	严重污染	

此外，环境科学研究发现（宋宇等，2003），大气能见度与 $PM_{2.5}$ 等颗粒物浓度存在非线性关系，当 $PM_{2.5}$ 浓度较低时，其变化会显著影响城市能见度；而当 $PM_{2.5}$ 浓度逐渐升高时，这种影响逐渐减弱，直到其浓度达到某一临界（近似 $150\mu g/m^3$）时，$PM_{2.5}$ 浓度的变化对能见度的影响幅度明显变小。加之重度污染和严重污染天数在样本中相对较少（详见表 5.3 中以 45 天为例的天数统计），回归中易受奇异点影响。为使污染天数对人们的直观感受更具有代表性，本书将重度污染及严重污染两个等级合并记为"重污染"。

表 5.3 成交前 45 天空气质量等级天数的统计描述

对应空气质量类别	优	良	轻度污染	中度污染	重度污染	严重污染
					"重污染"	
成交前 45 天	45 天—优	45 天—良	45 天—轻	45 天—中	45 天—重	45 天—严重
均值	11.4	15.3	9.0	4.7	3.4	1.0

（2）$PM_{2.5}$ 浓度及其自然对数。本书中用于衡量空气质量的"数量指标"，包含成交房屋附近当天 24 小时内、成交前 7 天、30 天、45 天、90 天及 365 天的平均 $PM_{2.5}$ 浓度均值。

5.2.3.2 天气变量数据

本书一方面为了控制由于天气状况可能导致的房屋成交行为的变动，另一方面为了控制由于天气变化带来的空气质量的变化，进一步控制了房屋附近成交期间的天气因素，包括成交房屋附近当天在内的前 7 天、30 天、45 天，直到前一年中的大风天数、雨天的天数及平均气温。单位分别为天、天和 0.1 摄氏度。

5.2.3.3　房屋信息数据

（1）房屋和小区特征。面积、房龄、装修程度、几室几厅、楼层、是否为板楼①、有无电梯、是否为学区房、1 200 米范围内有无地铁。

（2）空间特征。城区（西城、东城、海淀、朝阳、丰台、石景山），环线（二环内、三四环或四环以外），副城区②（城六区共分为 48 个副城区）。

（3）时间特征。房屋成交年、月，成交所在周（1 年 52 周）、周中各天（周一至周日）以及是否处于重大会议或节假日期间。其中，重大会议前后可能会对城市周边的排污企业进行尤为严格的管控，从而影响会议期间的空气质量状况。此外，重大会议和节假日会影响人们的出行，进而影响空气质量，并且对人们的购房行为也会产生相应的影响。本书研究所包含的重大会议包含：每年度通常在同一期召开的两会③，2014 ~ 2016 年召开的十八届四中、五中、六中全会，2014 年在北京召开的 APEC 会议。

（4）时间空间交叉项。本书进一步控制了月度与副城区交叉项，包含 36 个月及 48 个副城区。

这种交叉项的引入主要是考虑由于经济活动可能会同时影响住房价格和空气质量，如果不对此加以控制，可能会引发内生性问题使得估计结果有偏。为了避免由此带来的内生性问题，我们在回归中加入了月度与副城区的交叉项，以控制副城区层面的月度经济活动的固定效应。④

表 5.4 给出了本书研究用到的主要变量的定义及统计性描述。

---

① 板楼是一种建筑结果，相对于另一种塔楼结构来说公摊面积较少，且进深较小，采光通风都较好。

② 北京市主城区常用 48 个副城区主要基于环线道路和辐射状主干道划分，可参见 http://news. fang. com/2009 - 07 - 16/2681201. html。

③ "两会"指通常同期召开的中华人民共和国全国人民代表大会和中国人民政治协商会议全国委员会。

④ 有关经济活动带来的内生性问题，我们感谢匿名审稿人的意见。

表 5.4　　　　　　　　　　　　　　变量定义和统计性描述

变量名	变量定义	均值	标准差
被解释变量			
ln(住房价格)	平均每平方米住房价格的自然对数	10.77	0.40
空气质量			
i 天—优 （良/轻/中/重）	代表着成交前 i 天内，成交房屋附近的空气质量为优、的天数。（i = 1、7、30、45、90、180、365）	—	—
i 天—良	代表着成交前 i 天内，成交房屋附近的空气质量为良的天数。（i = 1、7、30、45、90、180、365）	—	—
i 天—轻	代表着成交前 i 天内，成交房屋附近的空气质量为轻度污染的天数。（i = 1、7、30、45、90、180、365）	—	—
i 天—中	代表着成交前 i 天内，成交房屋附近的空气质量为中度污染的天数。（i = 1、7、30、45、90、180、365）	—	—
i 天—重	代表着成交前 i 天内，成交房屋附近的空气质量为"重污染"的天数。 （i = 1、7、30、45、90、180、365）	—	—
$\ln(PM_{25}$—i 天)	成交前 i 天房屋附近 $PM_{2.5}$ 浓度均值的自然对数（i = 1、7、30、45、90、180、365）	—	—
天气变量			
大风天	与空气质量同时段的大风天数，单位天（时段取值分别 = 1、7、30、45、90、180、365 天）	—	—
雨天	与空气质量同时段的雨天数，单位天（时段取值分别 = 1、7、30、45、90、180、365 天）	—	—
气温	与空气质量同时段的平均温度，单位0.1摄氏度（时段取值分别 = 1、7、30、45、90、180、365 天）	—	—
房屋和小区特征			
面积	总建筑面积	78.47	35.79
房龄	房龄等于该住房成交年份减去其建筑年份	17.52	9.21
精装修	是否精装修（ =1，是；=0，否）	0.42	0.49
毛坯房	是否毛坯房（ =1，是；=0，否）	0.02	0.14
地下室	是否地下室（ =1，是；=0，否）（回归中作为基准组）	0.02	0.12
低楼层	是否低楼层（ =1，是；=0，否）	0.25	0.44
中楼层	是否中楼层（ =1，是；=0，否）	0.49	0.50

续表

变量名	变量定义	均值	标准差
高楼层	是否高楼层（＝1，是；＝0，否）	0.18	0.38
板楼	是否为板楼（＝1，是；＝0，否）	0.02	0.14
几室几厅	户型虚拟变量（RxLy 代表是否为 x 室 y 厅户型，＝1，是；＝0，否）	—	—
电梯	是否有电梯（＝1，是；＝0，否）	0.64	0.48
学校	房屋所在小区是否为重点学区房（＝1，是；＝0，否）	0.57	0.50
地铁	房屋 1 200 米范围内是否有地铁（＝1，是；＝0，否）	0.89	0.32
空间特征			
二环内	是否位于二环内（三四环、四环以外）（＝1，是；＝0，否）	0.15	0.36
三四环	是否位于三四环（＝1，是；＝0，否）	—	—
四环以外	是否位于四环以外（＝1，是；＝0，否）	—	—
城区_i	6 个城区对应的 6 个虚拟变量（东城、西城、海淀、朝阳、丰台、石景山，其中选取东城作为基准组）	—	—
副城区_i	48 个副城区对应的 48 个虚拟变量	—	—
时间特征			
年份	成交年份（2014/2015/2016 三个虚拟变量）	—	—
月度	成交月份（3×12 个虚拟变量）	—	—
周数	成交所在周数（3×52 个虚拟变量）	—	—
周中天	成交周中天（周一至周日七个虚拟变量）	—	—
法定节假日	成交当天是否是法定节假日	0.05	0.21
重大会议	成交当天是否在重大会议期间	0.06	0.24
时间空间交叉项			
月度×副城区	月度（36 个）×副城区（48 个）交叉项	—	—

5.3　优质空气溢价及其异质性

　　本小节介绍优质空气溢价的估计方法及结果。首先，从优质空气溢价估计的模式设定开始，展示估计得到的实证结果并对其展开分析。其次，我们进一步发现了优质空气溢价的异质性，即不同特征的家庭对优质空气的支付意愿并不相同，这种差异在家庭财富、家庭年龄等特征上体现得尤为明显。最后，给出了稳健性检验以验证本部分估计结果的稳健程度。

5.3.1 优质空气溢价的研究方法与模型设定

特征价格法假设住房价格是房屋购买者对房屋各类特征的总体估值，包含房屋特征、所在小区特征、空间位置特征等。

假设房屋购买者 i 具有效用函数 $U_i = U_i(p, s, AQ, X, c_i)$，其中，$c_i$ 为房屋购买者 i 除了购买房屋以外的其他消费，作为基本计价单位；p 为房屋均价；s 为房屋面积；AQ 为房屋周边空气质量；X 为房屋各类特征。且在选购过程中，p，s，AQ，X 均由购房者 i 选择。那么该购买者 i 面临以下最大化效用问题：

$$\max_{p_i,s_i,AQ_i,X_i,c_i} U_i(p_i,s_i,AQ_i,X_i,c_i)$$
$$s.t. \ p_i(s_i,AQ_i,X_i)s_i + c_i \leq y_i$$

其中，$p_i(s_i, AQ_i, X_i)$ 代表由房屋的各类特征（包含周边空气质量和总面积）决定的每平方米价格，y_i 为个体的总收入。求解可得：

$$\frac{\partial U_i}{\partial AQ_i} = s_i \frac{\partial p_i}{\partial AQ_i} \cdot \frac{\partial U_i}{\partial c_i}$$

通常，$\left| \dfrac{\partial p_i}{\partial AQ_i} \right|$ 可被视为房屋购买者 i 愿意对空气质量改善的边际支付意愿。

在以往文献中，最常见的度量空气质量的方式是采用一段时期内污染物浓度的均值，如颗粒物浓度、二氧化硫浓度等，这一方式可以精确地衡量空气质量空间分布和短期内的差异。但我们注意到，房屋从挂牌到成交大约需要一个半月的时间，在这一相对较长的期间内，仅采用污染物浓度的平均值可能并不能反映空气质量的水平及其变动。并且在家庭看房过程中，相对于对颗粒物浓度的关注，人们最常用的空气质量指标是空气质量等级，因此，不同质量等级相对颗粒物浓度来说更能体现家庭对空气质量的感知方式。后续实证结果也表明，空气质量各等级天数相对颗粒物浓度平均水平而言，更能显著地反映空气质量对房屋成交价格的影响，同时回归结果也更加稳健。

本章研究将采用空气质量各等级天数来衡量空气质量，并以等级为"优"的天数作为基准组，那么 $\left|\dfrac{\partial p_i}{\partial AQ_i}\right|$ 可以理解为购房者愿意为空气质量等级多一天为优（从"良、轻度污染、中度污染、重污染"改善）所支付的数额。

本章研究采用特征价格法，通过以下形式的最小二乘回归模型估计空气质量对住房价格的影响：

$$\ln(p^h) = \alpha^h + \beta_g^h days\_good + \beta_l^h days\_lt\_p + \beta_m^h days\_md\_p$$
$$+ \beta_h^h days\_hv\_p + B^h \cdot X + u^h \qquad (5.1)$$

其中，$\ln(p^h)$ 为二手房每平方米平均成交价格的自然对数；X 为代表房屋特征的各类控制变量，包含天气变量、房屋和小区特征、时间和空间位置信息。式（5.1）为衡量空气质量对住房价格影响的半对数模型设定，β_g^h、β_l^h、β_m^h、β_h^h 分别代表当空气质量从等级为"优"恶化至"良、轻度污染、中度污染、重污染"各等级一天，住房价格相应的百分比变动。

依据以往研究，本章研究同时采用了以下模型的设定：

$$\ln(p^h) = \alpha^h + \beta^h \ln(PM_{2.5}\_t) + B^h \cdot X + u^h \qquad (5.2)$$

其中，右侧 $\ln(PM_{2.5}\_t)$ 为不同时间段 t（本章研究中选取 45 天成交周期）中房屋周边 $PM_{2.5}$ 浓度均值的自然对数，这种设定下，系数 β^h 可视为住房价格对空气质量的弹性 $\beta^h = \dfrac{\Delta \ln(p^h)}{\Delta \ln(PM_{2.5}\_t)} \approx \dfrac{\% \Delta(p^h)}{\% \Delta(PM_{2.5}\_t)}$，近似做如下解释：空气中污染物每变动 1%，房屋价格变动 $\beta^h\%$。

模型（5.2）的设定可以比较容易地得到空气质量变动带来的支付意愿的变动，另外，由于缺失房屋具体成交日期等信息，现有研究数据都不足以支撑模型（5.1）的设定。但模型（5.1）中非线性的设定更加符合一般购房者对空气质量的感知方式，且本章研究的结果显示，这种设定下的模型结果十分稳健，因此，后续分析中以模型（5.1）中的设定为主，同时保留了

（5.2）中的设定，既引入了更为合理的指标建立方式，也保证了本章研究结论同以往研究的可比性。

为了比较不同房屋特征或不同家庭特征下空气质量对住房价格的影响是否存在差异，我们将样本依据不同特征进行分类，包括房屋总价、房屋建筑面积、是否学区房及买房人年龄、总房款中贷款比例等特征，在不同子样本中基于模型（5.1）进行回归，比较空气质量影响的差异及其显著性。

在稳健性检验部分，首先，我们将模型（5.1）中的因变量 p^h（每平方米成交价）替换为房屋总挂牌价和成交时的议价比[①]，借此分析空气质量在买卖双方议价过程中的角色。其次，将成交前 45 天空气等级天数替换为成交后 45 天空气等级天数，考察空气质量对住房价格影响的稳健程度。最后，将模型（5.1）中因变量 p^h 替换为租金，分析空气质量对租金价格的影响。

5.3.2 空气质量溢价的实证结果与分析

本部分先通过混合最小二乘法（OLS）得到成交前 45 天空气质量各等级天数对住房价格的影响，进一步逐步添加各个类型的控制变量以检验回归系数的显著程度。同时，为了方便同以往研究对比，回归中同样采取了用平均颗粒物浓度代表空气质量，进行如上所述同样的回归，并对比两种空气质量指标回归结果的异同。进而，根据房屋价格、购房人的年龄及其他房屋特征将样本分类，对比房屋价格受空气质量变化影响的异同，分析不同财富、收入和年龄的家庭在购房决策中，对优质空气的支付意愿的差异。最后，通过考察成交后 45 天的空气质量变动的影响，分析空气质量对房屋议价过程的影响，以及空气质量变化对房租价格的影响，对前述结果的稳健性作出检验。

5.3.2.1 空气质量对住房价格的影响

城市居民对空气质量的感知并不会如仪器一般精确，反而更多地凭借主观感受，如蓝天的天数等，形成对空气质量状况的印象，而这种直观的

---

① 议价比 =（房屋挂牌价 − 房屋成交价）/房屋挂牌价。

感受更有可能被纳入购房者的价值判断中。研究发现，特征价格法从客观数量出发得到的空气质量溢价倾向于低估空气污染给城市居民带来的效用损失（Luechinger，2009），而根据生活满意度（life satisfaction approach）的相对主观的估计得到的优质空气质量的价值将显著增大。因此，猜测房屋购买者在月余的看房期间，对房屋周边空气污染物在某段时间内的平均浓度可能并不十分敏感，而对空气很好或很差的天数印象相对较深。基于以上考虑，本部分用空气质量等级天数的变化衡量直观的空气质量感受，考察人们的主观感受如何影响房屋均价。

　　究竟哪一时段内的空气质量会被购房者纳入对房屋的估值，以往研究受制于数据的详尽程度缺乏较为具体的度量。一般来说，这一时段应始于购房者开始考察某一套房屋，止于最终达成该套房屋的购房交易。可惜的是，关于购房者从开始看房到最终决策这一段"看房周期"的时长并没有可靠的统计，但所幸我们收集的数据中包含某套房屋从开始挂牌售卖到实际成交的"成交周期"（time on market）。这一成交周期虽不能完全等同于购房者的看房周期，但却能有效衡量一套房屋从开始进入市场被考察，到议定其最终市价的整个"带看"过程，而在这一过程中，购房者实地看房时便会形成对该房屋周边空气质量的大概评估，进而将其估值纳入议价中①。接下来，我们将依据成交周期来选取能够被纳入房屋估值的周边空气质量的代表时段。

　　我们研究收集到的成交周期可用数据始于 2016 年 6 月，成交周期的平均值和中位数分别为 46.1 天和 34.0 天，因可以认为购房者对某处房屋及其周边环境的评估基本会在一个月至一个半月期间形成，不妨选取一个半月（45天）的时段为基准组，考察该时段内房屋周边不同空气质量等级的天数对住房价格的影响。②

　　表 5.5 展示了根据模型（5.1）的回归结果。其中，第（1）列在回归中

---

　　①　这里必然会涉及由于季节或其他偶然因素带来的"带看"期间的空气质量变化，但由于本章研究已尽可能详尽地控制了时间特征，囊括了季节、工作日、节假日、重大会议等情况，因此，可以基本控制季节性或其他偶然因素。

　　②　本章研究的实证结果对成交周期选取 45 天或者 34 天并不敏感，得到的回归系数基本没有显著差别，为使行文简洁只报告了基于成交前 45 天的结果。我们感谢匿名评审人的建议。

只包含了成交前 45 天各空气质量等级天数的回归结果，由于对于某一成交房屋来说，各等级天数之和等于 45，为避免共线性，所有回归皆以空气质量为优的天数为基准。那么，成交前 45 天空气质量为优的天数每减少一天，意味着其他等级中某一等级天数增加一天，从第（1）列结果来看，在不包含其他控制变量时，优质空气天数每下降一天，对应不同的空气质量恶化程度住房价格降低 0.3% ~2.1% 不等。[①] 第（2）列~第（5）列在第（1）列的基础上分别逐步添加了天气状况、房屋和小区特征、时间空间特征和交叉项，结果显示优质空气每减少一天，住房价格的下降幅度从第（2）列的 1% 左右逐渐下降为第（5）列的 0.2% 左右。且第（5）列结果显示，在控制了所有变量之后，随着空气质量的恶化，对住房价格的负向影响也有所加重。如果某一天空气质量从优恶化为良，那么住房价格相应下降 0.1%；但如果恶化为轻度或者中度污染，那么住房价格相应下降 0.2% ~0.3%。

回归中天气状况、房屋和小区特征等控制变量的回归系数比较稳健且符合预期。为节省篇幅并未在表中一一报告。

表 5.5　　　　　　成交前 45 天中空气质量等级对住房价格的影响

	（1）	（2）	（3）	（4）	（5）
45 天—良	−0.017*** （−50.348）	−0.016*** （−43.340）	−0.015*** （−45.831）	−0.002*** （−6.493）	−0.001*** （−3.913）
45 天—轻	0.007*** （25.401）	0.006*** （18.065）	0.006*** （20.520）	−0.001*** （−3.971）	−0.002*** （−5.734）
45 天—中	−0.021*** （−46.302）	−0.024*** （−50.666）	−0.024*** （−56.136）	−0.001*** （−3.545）	−0.003*** （−6.562）
45 天—重	−0.003*** （−7.167）	−0.003*** （−7.093）	−0.003*** （−6.602）	−0.001** （−2.393）	−0.002*** （−3.244）
是否控制天气状况	否	是	是	是	是
是否控制房屋和小区特征	否	否	是	是	是

①　需要注意的是，第（1）列中空气质量为轻度污染的天数与房屋均价之间呈现显著的正向关系，这可能是由于污染天数季节性变化等原因造成的遗漏变量问题导致的估计偏差，当我们在回归中引入时间特征后这一回归系数也已显著为负。鉴于我们最终讨论结果皆是基于第（5）列中控制全部变量的设定，因而将不对这一系数为正做进一步解释。

续表

	(1)	(2)	(3)	(4)	(5)
是否控制时间、空间特征	否	否	否	是	是
是否控制副城区 × 月度交叉项	否	否	否	否	是
观测值	120 807	120 807	118 885	118 538	118 538
R^2	0.049	0.065	0.228	0.744	0.754

注：因变量为 ln(住房价格)。** 、*** 分别表示在 5%、1% 的水平显著，括号内为稳健 t 统计量。

　　表 5.6 展示了基于模型（5.2），成交前 45 天 $PM_{2.5}$ 浓度对房屋每平方米成交价的影响。表 6 中第（1）列～第（5）列同样逐步添加各项控制变量，结果显示，以颗粒物浓度为衡量的空气质量对住房价格也有较为显著的负向影响。但随着变量的逐步添加，$PM_{2.5}$ 浓度对住房价格的影响波动幅度较大，且时而增大时而减少。并且在添加空间层面控制后，第（5）列显示其影响幅度下降为不到第（4）列显示幅度的 1/10。以上结果表明，用 $PM_{2.5}$ 浓度均值代表的空气质量在整个城市层面对住房价格有着显著的影响，可一旦将空间位置细分，这一浓度变化可能不足以有效代表人们的感受，进而不能有效衡量空气质量对住房价格的影响。

表 5.6　　　　　　　成交前 45 天颗粒物浓度均值对住房价格的影响

	(1)	(2)	(3)	(4)	(5)
$\ln(PM_{2.5})$	−0.154 *** (−47.844)	−0.223 *** (−50.775)	−0.208 *** (−52.135)	−0.023 *** (−3.989)	−0.037 *** (−5.330)
是否控制天气状况	否	是	是	是	是
是否控制房屋和小区特征	否	否	是	是	是
是否控制时间、空间特征	否	否	否	是	是
是否控制副城区 × 月度交叉项	否	否	否	否	是
观测值	120 807	120 807	118 885	118 538	118 538
R^2	0.019	0.039	0.202	0.744	0.754

注：因变量为 ln(住房价格)。*** 表示在 1% 的水平显著，括号内为稳健 t 统计量。

　　为了验证空气质量指标的合理性及空气质量与房屋均价关系的稳健性，我们基于表 5.5 和表 5.6 中第（5）列的回归设定，用成交前其他时间段替换

"前45天"这一跨度，考察更改时间跨度对结果的影响。

表5.7子表A中，第（1）列～第（5）列分别展示了成交当天、前7天、前30天、前90天、前365天空气各等级天数的变化给周边住房价格带来的影响。对比可以发现，成交当天和前7天的空气质量状况系数显著性都较低，意味着成交前短期内空气质量的状况并对住房价格的影响不够稳健。但从成交前30天开始，空气质量开始显著影响住房价格，优质空气每减少一天，房屋均价下降0.1%～0.3%不等。随着时间跨度拉长至90～365天，住房价格所受到的负向影响有轻微的增长，基本保持在-0.2%～-0.4%。稳健性结果显示，成交前1年到1个月间的污染浓度都会显著地降低房屋的成交价格，而30天以内的效果不明显，这与购房人的决策周期（选址、看房、议价等）相对较长有关。数据显示，成交周期均值约46天、中位数约为34天，说明30～45天这一时间段的选取较为符合房地产市场的交易规律，这一时间段内空气污染的天数直接影响了房屋成交价格的达成。

表5.7子表B中，第（1）列～第（5）列展示了成交当天、前7天、前30天、前90天、前365天$PM_{2.5}$平均浓度对房屋均价的影响。成交当天至一个月的期间，$PM_{2.5}$浓度对住房价格的影响从5%水平的显著变为不显著，随着时间跨度的延长，前90天的$PM_{2.5}$浓度翻一番的影响上升为9.9%。当时间跨度延长至成交前365天时，$PM_{2.5}$平均浓度每增加1倍，房屋均价相应下降幅度则达到22.2%。表5.7子表B的回归结果说明，$PM_{2.5}$浓度均值对住房价格影响的幅度和显著性随着时间跨度的延长而增加，但$PM_{2.5}$浓度前系数的一致性不足。需要指出的是，相对短期内，$PM_{2.5}$浓度的平均变动很难被人们直接感知，除非是长期（3个月及以上）人们才会对$PM_{2.5}$等污染物浓度的变化有所察觉，进而影响购房过程中房屋价格的达成，短期内污染物浓度的均值变化并不会被购房者充分体察并影响房屋值的评估。这也在一定程度上可以解释现有研究住房价格与污染关系的文献中，利用污染物浓度均值做空气质量的代表，在全国层面或者城际层面的长期回归结果都较为稳健，但聚焦城市内部、基于个体层面房屋成交数据的估计结果差距较大。

表5.7　　　　　　　　　　**不同时间段空气质量对住房价格的影响**

项目	成交当天 （1）	前7天 （2）	前30天 （3）	前90天 （4）	前365天 （5）
A					
对应天数—良	-0.001 （-0.780）	0.001 （0.943）	-0.001 * （-1.668）	-0.002 *** （-7.058）	-0.002 *** （-9.282）
对应天数—轻	-0.002 （-1.033）	-0.001 ** （-2.164）	-0.002 *** （-3.977）	-0.003 *** （-8.810）	-0.002 *** （-11.658）
对应天数—中	-0.003 （-1.322）	-0.000 （-0.284）	-0.003 *** （-4.848）	-0.004 *** （-10.170）	-0.004 *** （-16.800）
对应天数—重	-0.002 （-0.715）	0.000 （0.005）	-0.000 （-0.864）	-0.003 *** （-6.550）	-0.002 *** （-8.603）
是否控制其他变量	是	是	是	是	是
是否控制副城区×月度交叉项	是	是	是	是	是
B					
$\ln(PM_{2.5})$	-0.002 ** （-2.341）	-0.001 （-0.556）	-0.007 （-1.462）	-0.099 *** （-9.549）	-0.222 *** （-13.445）
是否控制其他变量	是	是	是	是	是
是否控制副城区×月度交叉项	是	是	是	是	是

注：因变量为 ln（住房价格），其他变量包括：天气状况、房屋和小区特征、时间空间特征。
*、**、*** 分别表示在10%、5%、1%的水平显著，括号内为 t 统计量。

　　基于以上分析，我们在随后的空气质量影响的异质性及其稳健性的分析中，以45天成交周期中空气等级天数为主要的依据，辅以同时段颗粒物浓度均值作为参考和检验。

　　总体来说，空气污染会显著降低周边房屋的平均价格，随着新的控制变量的添加，住房价格的下降幅度逐步减小，但一直保持显著，直到加入我们目前掌握的所有控制变量后，成交前45天中优质空气每减少一天，每平方米住房价格降低0.1%~0.3%不等。依据样本中北京市城六区平均住房价格及建筑面积①，计算得到对应住房价格水平的下跌分别为48.5元/平方米和145.5元/平方米，每套住房折合3 870~11 611元。

————————————

① 样本中2014~2016年北京市二手房屋均价约4.9万元/平方米，平均建筑面积为79.8平方米。

5.3.2.2　优质空气溢价的异质性：财富、收入和观念

前述得到空气质量对北京市平均住房价格的负向影响，但实际上北京市内部房屋价格和质量差异颇大，购房家庭之间也存在着差异，因而这种差异也会影响估计的结果。基于这种分析，我们利用不同的房屋和购房人特征将样本分类，在不同价位、质量和购房人的房屋成交样本中进行回归，分析城市家庭对优质空气偏好的异质性。

（1）住房价格为代表的财富异质性。

我们依据房屋成交总价和房屋成交每平方米均价，分别选取数据中上下20%分位的观测子样本，对比不同分位子样本中空气质量对住房价格的影响。表5.8给出了分位数回归后的结果，第（1）列和第（2）列依据总住房价格划分，对应子样本房屋总价均值分别为176.7万元和721.0万元，第（3）列和第（4）列依据房屋均价划分，对应子样本房屋均价均值分别2.9万元/平方米和7.8万元/平方米。结果对比显示，无论是依据总价还是均价来划分样本，相对于上20%分位数的结果，下20%分位数的子样本中，空气质量对住房价格产生影响的系数较小，显著性也较低。[①] 其中，平均住房价格上20%分位子样本显示，成交前45天中空气质量等级为优的天数每减少一天，住房价格下跌0.2%～0.6%，约合人民币156.4～469.2元/平方米，折成每套约为1.2万～3.7万元，相较于平均水平几乎翻了两番。

表5.8　　　　空气质量溢价异质性：平均住房价格的上下20%分位

项目	总住房价格		平均住房价格	
	下20% (1)	上20% (2)	下20% (3)	上20% (4)
45天—良	−0.000 (−0.510)	−0.002 ** (−2.568)	0.002 *** (3.544)	−0.002 *** (−3.358)
45天—轻	−0.002 ** (−2.074)	−0.004 *** (−3.734)	0.002 ** (2.488)	−0.006 *** (−6.684)

---

① 依据房屋总价划分的两类子样本置信区间有交叉，但依据房屋均价划分的两类子样本结果为显著差异。

续表

项目	总住房价格		平均住房价格	
	下 20% （1）	上 20% （2）	下 20% （3）	上 20% （4）
45 天—中	− 0.000 （− 0.577）	− 0.001 * （− 1.667）	0.001 （1.215）	− 0.004 *** （− 5.836）
45 天—重	− 0.002 ** （− 2.200）	− 0.003 ** （− 2.569）	0.001 （0.716）	− 0.002 ** （− 2.063）
是否控制其他变量	是	是	是	是
是否控制副城区 × 月度交叉项	是	是	是	是
观测值	23 463	23 734	23 004	24 015
R^2	0.733	0.756	0.340	0.502

　　注：因变量为 ln（住房价格），其他变量包括：天气状况、房屋和小区特征、时间空间特征。其中第（1）列和第（2）列依据房屋成交总价划分，对应子样本房屋总价均值分别 176.7 万元和 721.0 万元；第（3）列和第（4）列依据房屋成交每平方米均价划分，对应子样本房屋均价均值分别 2.9 万元/平方米和 7.8 万元/平方米。* 、** 、*** 分别表示在 10%、5%、1%的水平显著。

　　分位数的结果与以往文献所得结论基本一致（陈永伟和陈立中，2012；Chen et al.，2018；王健俊和俞雪莲，2018，等等），财富较多的家庭为优质空气支付的价格较高，换言之，优质空气具有"奢侈品"属性。原因在于较低价房屋购买者首要关注的是房屋的居住功能，且相对来说财富水平不高，因而不能为优质空气支付较高的价格，导致空气污染对房屋均价的影响并不显著。反观较高均价和高总价房屋的购买者，他们会倾向于关注房屋居住的舒适程度，相对来说财富水平也较高，愿意且有能力为优质空气质量买单，体现在房地产市场中即住房价格对空气污染的变化十分敏感。

　　（2）买方年龄及其相关的异质性。

　　我们进一步利用买方年龄来对样本进行分类，在不同年龄家庭购买的房屋之间进行基于模型（5.1）的回归，对比不同年龄家庭对空气质量的选择。一般来说，年轻家庭财富占有较少，但预期收入增长较快，基于之前空气质量的"奢侈品"属性，从财富效应和收入效应两个角度考虑，年轻家庭对优质空气的支付力度既有可能较低也有可能较高。

　　我们依据买方年龄将样本划分为五组，对应买方年龄均值分别为 29.8

岁、34.1 岁、36.9 岁、40.6 岁和 55.2 岁。我们发现，买方人群大多集中在
30～40 岁之间，导致中间三个分位子样本年龄差异相对较小。为了得到有效
的对比，我们分别在上下 20% 分位的子样本中进行回归，结果展示于表 5.9
前两列之中。结果显示，当年轻家庭购买房产时，空气质量会显著影响成交
价格；但若购房人年龄较长，空气质量对住房价格的影响完全不显著。这可
能是由于年轻家庭预期收入的增长补偿了负向的财富效应，也可能是由于年
轻家庭拥有更现代的健康观念及环保理念，相对更加关注和了解空气质量及
其对健康的影响。此外，年轻家庭子女年龄小，更易受到环境污染的影响，
加之年轻家庭预期生活时间更长，更在意空气质量对身体的长期影响。综合
以上原因，年轻家庭更倾向于为优质空气支付价格。

　　为了保证结果的可信性，除了对比年龄上下 20% 分位的回归结果，我们
还依据年龄分位建立了五个虚拟变量，在全样本中加入年龄分位及其与空气
质量各等级天数之间的交叉项，以年龄最大的第五分位为基准组，考察不同
年龄阶段对空气质量的支付意愿。结果展示于表 5.9 后四列中。相对于基准
组（最年长的家庭）来说，年轻的家庭对优质空气有不同程度的显著偏好。
后四列结果中，年龄位于 0～20% 分位的家庭各系数显著性最低，而平均年
龄在 30 岁及其以上的家庭回归系数相对更为显著。不过，鉴于前四类分位买
方年龄集中在 30～40 岁，因而第（3）～（6）列结果彼此之间差异不明显，
但都显示了与平均年龄 55 岁的基准组之间的显著差异。

表 5.9　　　　空气质量溢价异质性：买方年龄的上下 20% 分位及交叉项

项目	年龄		全样本交叉项			
	下 20% （1）	上 20% （2）	0～20% （3）	20%～40% （4）	40%～60% （5）	60%～80% （6）
45 天—良	-0.001 * （-1.736）	-0.000 （-0.436）	-0.002 *** （-3.428）	-0.002 *** （-3.891）	-0.002 *** （-3.053）	-0.002 ** （-2.555）
45 天—轻	-0.003 *** （-3.189）	-0.002 * （-1.708）	-0.000 （-0.646）	-0.000 （-0.271）	-0.001 （-1.197）	-0.001 （-0.996）
45 天—中	-0.001 ** （-1.992）	-0.001 （-1.050）	-0.000 （-0.493）	-0.002 *** （-2.683）	-0.003 *** （-3.537）	-0.001 * （-1.680）

续表

项目	年龄		全样本交叉项			
	下 20% (1)	上 20% (2)	0 ~ 20% (3)	20% ~ 40% (4)	40% ~ 60% (5)	60% ~ 80% (6)
45 天一重	− 0.003 *** (− 2.787)	− 0.001 (− 0.888)	− 0.000 (− 0.264)	− 0.002 *** (− 3.180)	− 0.001 (− 1.377)	− 0.001 (− 1.515)
是否控制其他变量	是	是	是	是	是	是
是否控制交叉项	是	是	是	是	是	是
观测值	29 186	22 270	118 366			
R^2	0.765	0.721	0.752			

注：因变量为 ln(住房价格)，其他变量包括天气状况、房屋和小区特征、时间空间特征。其中第
(1) 列和第 (2) 列为买方年龄的上下 20% 子样本，对应子样本买方年龄均值分别 29.8 岁和 55.2 岁；
第 (3) ~ (6) 列为全样本中，不同年龄分位的虚拟变量同空气等级天数的交叉项系数。 * 、 ** 、 ***
分别表示在 10% 、 5% 、 1% 的水平显著。

因而我们可以认为，年轻人（平均 40 岁以下）的环保和健康观念更强
烈，并且随着家户财富的积累和收入增长，对优质空气的支付意愿和能力会
逐渐增长。但老年家庭（平均 55 岁）由于预期收入的降低、预期寿命的减
少以及对优质空气的偏好不足，支付意愿也变得淡薄。

为了进一步佐证以上分析，我们依据房屋面积和购房款中贷款比例选取
样本的上下 20% ，进行同样的子样本回归对比，结果展示于表 5.10。表 5.10
显示，面积较小的房屋和贷款比较高的房屋，成交价格更显著地受到空气质
量的影响，结合样本，年轻家庭购买的房屋面积相比年长家庭显著小 11.2 平
方米，而年轻家庭的贷款比则显著高出 12.0% 。[①]

这从另一侧面印证了我们的推断，年轻家庭出于观念、子女和预期寿命
的考虑，会赋予优质空气更大的价值。

综合以上空气质量溢价异质性的回归结果，我们发现，优质空气具有
"奢侈品" 属性和 "年轻化" 偏好：财富水平越高的家户越能够为优质空气
支付，同时，年轻的家庭（平均年龄 40 岁以下）也更倾向于赋予优质空气
较高的价值。

---

① 　此处为两类子样本均值 t 检验的结果，"显著" 指的是在 1% 水平显著。贷款比仅收集到 2016
年的部分样本，因而子样本个数显著少于其他分类。

表 5.10　　空气质量溢价异质性：房屋建筑面积和贷款比的上下 20% 分位

项目	面积		贷款比	
	下 20% （1）	上 20% （2）	下 20% （3）	上 20% （4）
45 天—良	− 0. 004 *** （ − 4. 597）	− 0. 001 （ − 0. 624）	− 0. 003 （ − 1. 589）	− 0. 005 *** （ − 2. 653）
45 天—轻	− 0. 007 *** （ − 5. 833）	− 0. 002 * （ − 1. 760）	− 0. 006 * （ − 1. 927）	− 0. 009 *** （ − 3. 171）
45 天—中	− 0. 004 *** （ − 5. 351）	− 0. 000 （ − 0. 524）	− 0. 003 （ − 1. 354）	− 0. 005 *** （ − 2. 796）
45 天—重	− 0. 004 *** （ − 3. 297）	− 0. 000 （ − 0. 370）	− 0. 007 * （ − 1. 786）	− 0. 022 *** （ − 4. 597）
是否控制其他变量	是	是	是	是
是否控制交叉项	是	是	是	是
观测值	23 825	23 677	4 970	4 912
R^2	0. 805	0. 689	0. 708	0. 820

　　注：因变量为 ln(住房价格)，其他变量包括天气状况、房屋和小区特征、时间空间特征。其中第（1）列和第（2）列依据房屋建筑面积划分，对应子样本面积均值分别 45.7 平方米和 135.5 平方米；第（3）列和第（4）列依据房款贷款比划分，对应子样本贷款比分别为 20.7% 和 63.7%。 * 、 *** 分别表示在 10% 、 1% 的水平显著。

　　随着经济的发展和城市化的推进，越来越多的年轻人在城市中安身，人们的健康和环保理念也不断更新，加之人们预期收入逐年增长，优质空气将越来越受到城市家庭的偏爱，其支付意愿也将越来越高。

5.3.3　空气质量影响的稳健性检验

　　本小节将对前述的实证结果及其分析进行稳健性检验。首先，考察成交前 45 天空气质量对房屋挂牌价和议价比的影响，分析空气质量在房屋议价过程中的角色。其次，将以房屋成交后 45 天的空气质量为自变量，考察其与房屋成交价的关系。最后，收集样本期间北京市的租房成交数据，考察空气质量对租住房价格的影响。

5.3.3.1 空气质量对挂牌价和议价比的影响

如果空气质量对房屋的成交价格有显著的负向影响，那么这种影响体现在房屋卖家出售房屋的挂牌价格中，还是会在买家看房过程中被知悉，进而影响双方的议价能力呢？

我们依旧基于模型（5.1），但将房屋的挂牌价而不是成交价作为因变量，考察空气质量对卖家标价的影响及其财富和年龄异质性。表 5.11 第（1）列显示，虽然住房价格受空气质量影响的显著程度相对于成交价（见表 5.5）要低，但挂牌价也会受到空气质量恶化的负向影响，意味着卖方在标价时已经考虑到了房屋周边的空气质量状况。

此外，表 5.11 中第（2）列和第（3）列展示了成交均价上下 20% 子样本的回归结果，结果显示，房屋均价较高的房主，在售房时会更多地将周边空气质量纳入考虑。表 5.11 中第（4）列和第（5）列则展示了依据年龄划分上下 20% 的子样本回归，考虑到售房时不可预料到买方人的年龄，因而此处采用卖方的年龄，对应卖方平均年龄分别为 34.5 岁和 75.2 岁。结果发现，年龄较大的房主，在售房时的标价会显著受到空气质量的影响，而相对较年轻的房主，空气质量对挂牌价几乎没有影响。考虑到第（5）列子样本中卖方年龄平均达到 75 岁，系数显著可能是由于年龄较长的房主一般售出房屋时相对急切，因而挂牌价受到负向影响的可能更大。

表 5.11　　　空气质量和房屋挂牌价及其异质性：均价及卖方年龄

项目	全样本	均价		卖方年龄	
		下 20%	上 20%	下 20%	上 20%
	(1)	(2)	(3)	(4)	(4)
45 天—良	− 0.0016 *** (− 5.914)	0.000 (0.446)	− 0.002 *** (− 3.267)	− 0.000 (− 0.228)	− 0.003 *** (− 4.168)
45 天—轻	− 0.0006 ** (− 2.439)	− 0.000 (− 0.270)	− 0.003 *** (− 4.893)	− 0.001 (− 0.788)	− 0.002 ** (− 2.124)
45 天—中	− 0.0008 ** (− 2.165)	0.001 * (1.720)	− 0.005 *** (− 5.363)	− 0.000 (− 0.510)	− 0.001 ** (− 2.022)

项目	全样本	均价		卖方年龄	
		下 20%	上 20%	下 20%	上 20%
	(1)	(2)	(3)	(4)	(4)
45 天—重	− 0.0009 ** (− 2.426)	− 0.001 (− 0.796)	− 0.002 ** (− 2.322)	− 0.001 (− 1.631)	− 0.001 (− 1.347)
是否控制其他变量	是	是	是	是	是
观测值	118 438	22 963	23 974	26 664	21 320
R^2	0.716	0.229	0.381	0.694	0.747

注：因变量为 ln(挂牌价)，其他变量包括天气状况、房屋和小区特征、时间和空间特征。其中第 (2) 列和第 (3) 列依据房屋均价，对应子样本住房价格均值分别为 2.9 万元/平方米和 7.8 万元/平方米；第 (4) 列和第 (5) 列依据卖方年龄划分，对应卖方平均年龄分别为 34.5 岁和 75.2 岁。* 、** 、*** 分别表示在 10%、5%、1% 的水平显著。

进而，我们将因变量替换为双方最终达成的让价幅度，考察空气质量在议价过程中的角色。[1] 同时考察议价比受空气质量影响的财富和年龄异质性。表 5.12 第 (1) 列结果显示，空气质量的恶化会显著提高买方的议价能力，使得双方最终达成较高的让价幅度。但从均价来说，均价越低的房屋越可能受到空气质量的影响，从而达成较高的让价，同时，较为年轻的买房人更有可能利用空气质量的影响，得到较大幅度的让价。

表 5.12　　　　　　　空气质量和议价比及其异质性：均价和买方年龄

项目	全样本	均价		买方年龄	
		下 20%	上 20%	下 20%	上 20%
	(1)	(2)	(3)	(2)	(3)
45 天—良	0.0170 ** (2.062)	0.0347 * (1.779)	− 0.0156 (− 0.793)	0.0335 ** (2.084)	0.0142 (0.725)
45 天—轻	0.0299 *** (3.600)	0.0478 * (1.723)	0.0084 (0.283)	0.0490 ** (2.043)	0.0575 ** (2.058)
45 天—中	0.0417 *** (3.431)	0.0275 (1.375)	− 0.0138 (− 0.712)	0.0390 ** (2.377)	0.0150 (0.758)

---

① 此处，我们用议价比来衡量让价幅度：议价比等于成交总价和挂牌价之间的差异与挂牌总价之比。

续表

项目	全样本	均价		买方年龄	
	(1)	下 20% (2)	上 20% (3)	下 20% (2)	上 20% (3)
45 天一重	0. 0324 ** (2. 254)	- 0. 0025 (- 0. 083)	0. 0058 (0. 138)	0. 0200 (0. 842)	0. 0160 (0. 554)
是否控制其他变量	是	是	是	是	是
观测值	117 459	22 629	23 790	28 914	22 043
R²	0. 236	0. 238	0. 103	0. 251	0. 232

注：因变量为 ln（议价比），其他变量包括：天气状况、房屋和小区特征、时间和空间特征。其中第（2）列和第（3）列依据房屋均价，对应子样本住房价格均值分别为 2.9 万元/平方米和 7.8 万元/平方米；第（4）列和第（5）列依据卖方年龄划分，对应子样本买方年龄均值分别为 29.8 岁和 55.2 岁。*、**、*** 分别表示在 10%、5%、1% 的水平显著。

5.3.3.2　其他稳健性检验

接下来的稳健性检验部分，我们检验成交后 45 天内空气质量的变化是否会与住房价格相关。一般来说，短期内房屋周边空气质量不会发生跳跃性变化，空气质量的延续性可能会使成交后 45 天内的空气质量与已经成交的住房价格之间依旧存在负向相关，但由于交易已经达成，其相关度及显著性会有所下降。

分别以成交后 45 天中各空气等级天数和颗粒物浓度来衡量空气质量，回归结果展示在表 5.13 前两列。第（1）列显示成交 45 天后，以空气质量等级天数为衡量的空气质量对住房价格存在负向影响，但显著性较低，仅"45 天后—良"这一变量前系数显著；第（2）列显示，成交 45 天后以颗粒物为衡量的空气质量对住房价格没有显著的影响。

为了检验以上结果的稳健性，我们收集了样本区间内北京市城六区的租房成交数据。并将模型（5.1）和模型（5.2）应用于每平方米平均租金，结果展示于表 5.13 后两列，该两列显示成交前 45 天内的空气污染对房屋租金几乎没有显著影响。可能原因如下：一是由于优质空气的"奢侈品"属性，一般来说租房者财富水平相对买房者较低，因而租房时甚少能为优质空气支付一定的价格；二是由于租房者流动性较大，在短期决策下，选择居住地时主要考虑方便通勤或价格合适，对空气污染的赋值不高。

表 5.13　　　　　稳健性检验：成交后 45 天与租房数据回归

因变量	成交后 45 天		成交前 45 天	
	ln（住房价格）(1)	ln（住房价格）(2)	ln（租金）(3)	ln（租金）(4)
45 天—良	−0.001*** （−4.683）	—	0.000 （0.000）	—
45 天—轻	0.000 （0.209）	—	0.001* （0.001）	—
45 天—中	−0.001 （−1.401）	—	−0.000 （0.001）	—
45 天—重	−0.000 （−0.842）	—	−0.001 （0.001）	—
ln（$PM_{2.5}$—45 天）	—	−0.000 （−0.061）	—	0.003 （0.009）
是否控制其他变量	是	是	是	是
观测值	113 537	118 421	86 662	86 662
R^2	0.734	0.743	0.731	0.729

注：其他变量包括天气状况、房屋和小区特征、时间和空间特征。其中第（1）列和第（2）将成交前 45 天的空气质量替换为成交后 45 天；第（3）列和第（4）列在租金数据中回归。*、*** 分别表示在 10%、1% 的水平显著。

本章基于北京市 2014～2016 年空气质量和房地产交易的微观数据，利用"特征价格法"估计空气质量的变化对房屋均价的影响及其异质性。以往估计空气质量对住房价格影响的研究，面临着微观数据不足带来的局限。本章在现有研究基础上引入了细致的空间层面和时间层面的控制变量，并基于房屋购买者考察房屋的成交周期，将空气污染等级天数纳入回归，得到了相对平均污染物浓度更为稳健的回归结果。

结果显示，空气质量恶化会给住房价格带来显著的负向影响。同时，在城市内部，房屋的异质性也会影响空气污染，具体体现为优质空气的"奢侈品"属性和"年轻化"偏好：一方面，价格越高的房屋，其购买者相对财富水平越高，对周边空气质量越在意，越倾向于为优质空气支付价格；另一方面，越年轻的家户，其出于观念的改变和预期收入增长等因素，越愿意赋予优质空气较高的价格。这表明，随着财富的积累、收入的增长和生活观念的变化，空气质量的优劣越来越受到人们的关注。2014 年北京市二手房成交前 45 天平均空气质量等级为优的天数为 9.5 天，2016 年这一数值上升至 14.9 天，改善天数增加了 5.4 天。

依据国家统计数据，2016 年北京市住宅商品房销售面积为 981.37 万平方米，基于空气污染天数回归结果的下界计算得到 2014~2016 年，北京市空气质量改善的经济价值至少为 25.7 亿~77.1 亿元（48.5~145.5 元/平方米×981.37 万平方米×5.4）。这仅是空气质量改善带来经济价格的下界，经济的增长伴随着财富积累、收入增加和观念革新，人们越来越愿意赋予优质空气较高的价值。

北京市二手房交易数据的证据表明，空气质量会显著影响房屋价格，且随着社会经济的发展，这种影响会越来越显著。这一估计为日后政策制定和城市建设过程中可能遇到的空气质量与经济效益之间的取舍权衡提供了参考。

下篇

宏观分析

第6章　产业关联的带动效应

在经济生产中，各部门通过使用来自其他部门的中间品而形成产业之间的投入—产出关联。经由这种产业关联，单个部门受到的冲击会传播到其他部门，进而放大至整个经济体。本章利用投入—产出表度量我国经济运行中不同部门之间产业关联的强度，通过建立、度量产业关联及其强度，进而在此基础上建立建筑业—制造业两部门模型，并引入政府对建筑服务的补贴来代表政府刺激政策，引入此建筑业的外生冲击后，进一步分析在单部门冲击向其他部门扩散的过程中产业关联起到的作用。通过两部门模型的解析解求解和多部门模型的数值模拟，得到的结果显示：在国民经济生产中，产业关联的存在会增强政府产业政策的刺激效果，仅以 2008 年我国的系列刺激政策为例，数值模拟结果显示，产业关联使得政府支出乘数由 0.4 上升至 0.6，同时缓解了由于政府干预带来的社会福利下降。

6.1　宏观调控中的产业关联

在经济生产中，各个生产单位经由中间品使用而建立起产业关联，是理解宏观经济运行必不可少的一环。具体来说，某个部门的生产需要用到大量来自其他部门的中间产品，而其产品也有可能成为其他部门的生产原料。因此，由于中间品的存在，上下游部门之间会形成紧密的生产关系，而从整个宏观经济的运行来看，这样的紧密关联，可以经由投入—产出表来进行度量。

用一个现实中的例子来说。2008 年，美国房地产泡沫破裂直接导致房价下跌和房地产业投资下降，由此波及美国的金融业及其他部门，进而触发全球范围内的金融危机。在这一金融危机中，尽管危机始于房地产市场，但由于经济中各个部门之间构成了相互联系的有机整体，一个部门受到的需求或技术冲击会经由投入—产出关联扩散到其他部门，进而带动并影响宏观经济的整体表现（Acemoglu et al.，2015）。

在这一危机爆发的过程中，房地产和建筑业对经济体其他部门的带动和影响十分关键（Boldrin et al.，2013），这一带动效应在中国同样存在。尤其2008年金融危机后，中国政府为扩大内需推出十大措施。这一刺激政策引发了广泛的研究和讨论。具体来说，这十大"救市"措施如下。

一是加快建设保障性安居工程。加大对廉租住房建设支持力度，加快棚户区改造，实施游牧民定居工程，扩大农村危房改造试点。

二是加快农村基础设施建设。加大农村沼气、饮水安全工程和农村公路建设力度，完善农村电网，加快南水北调等重大水利工程建设和病险水库除险加固，加强大型灌区节水改造，加大扶贫开发力度。

三是加快铁路、公路和机场等重大基础设施建设。重点建设一批客运专线、煤运通道项目和西部干线铁路，完善高速公路网，安排中西部干线机场和支线机场建设，加快城市电网改造。

四是加快医疗卫生、文化教育事业发展。加强基层医疗卫生服务体系建设，加快中西部农村初中校舍改造，推进中西部地区特殊教育学校和乡镇综合文化站建设。

五是加强生态环境建设。加快城镇污水、垃圾处理设施建设和重点流域水污染防治，加强重点防护林和天然林资源保护工程建设，支持重点节能减排工程建设。

六是加快自主创新和结构调整。支持高技术产业化建设和产业技术进步，支持服务业发展。

七是加快地震灾区灾后重建各项工作。

八是提高城乡居民收入。提高2011年粮食最低收购价格，提高农资综合直补、良种补贴、农机具补贴等标准，增加农民收入。提高低收入群体等社保对象待遇水平，增加城市和农村低保补助，继续提高企业退休人员基本养老金水平和优抚对象生活补助标准。

九是在全国所有地区、所有行业全面实施增值税转型改革，鼓励企业技术改造，减轻企业负担1 200亿元。

十是加大金融对经济增长的支持力度。取消对商业银行的信贷规模限制，合理扩大信贷规模，加大对重点工程、"三农"、中小企业以及技术改造、兼并重组的信贷支持，有针对性地培育和巩固消费信贷增长点。①

2008年，我国确定了进一步扩大内需、促进经济增长的相关措施。之后，相关的讨论和研究不绝如缕。其中有支持的声音，认为政策这一积极信号的释放，有助于鼓舞低迷的市场，并且这一政策也的确起到了效果，使得中国经济仅在半年内就恢复到了第三季度8.9%的增长步伐。但也依旧存在质疑的声音，一方面，基于自由经济的保守观点认为，这一政府干预会扰乱市场秩序，并且会对私人投资产生"挤出效应"；另一方面，有观点认为，这一刺激的力度还不够，为了应对金融危机的冲击，还应该加大政府的投资力度。

因此，对这一政策效果的讨论就尤为重要。尤其是这一投资主要去向建筑业及其相关行业，我们需要评估这一行业对其他部门的带动作用，进而才能更为科学地分析政策的实施效果。

为此，本章将以制造业和建筑业为基础建立两部门模型，考察建筑业受到的产业政策冲击对整个宏观经济的影响。选取制造业主要是因为制造业单部门增加值相对总产出占比②55%，在国民经济行业分类的20个行业中③排在首位。至于建筑业，其体量在国民经济行业分类的20个行业中仅次于制造业，单部门增加值占比7%（其他部门可如图6.1（a）所示）。此外，建筑业对宏观经济影响不容忽视。

---

① 参见人民网"温家宝主持国务院常务会议，确定扩大内需十项措施"：http://cpc. people. com. cn/GB/64093/64094/8307079. html.

② 分部门的产出数据在投入—产出表中体现得最为全面，因而此处数据采用2012年的投入产出表，且为了同国民经济行业分类的20个行业保持一致，本章依据国民经济行业分类对原始投入产出表做了合并处理。

③ 数据源自国家统计局，此处行业划分依据《国民经济行业分类 GB/T 4754 – 2011》。

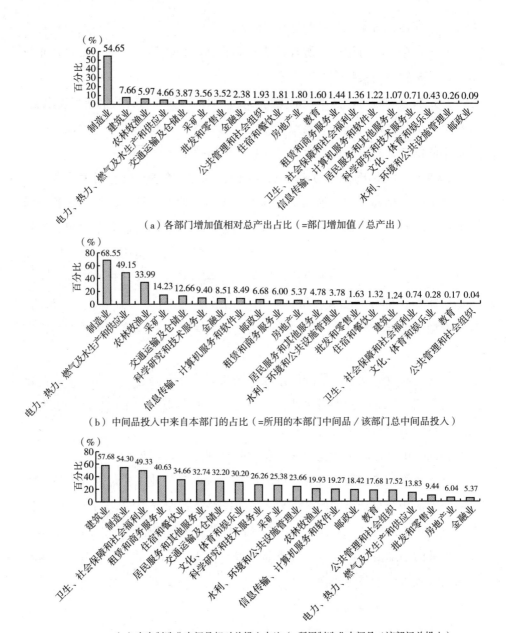

（a）各部门增加值相对总产出占比（=部门增加值／总产出）

（b）中间品投入中来自本部门的占比（=所用的本部门中间品／该部门总中间品投入）

（c）来自制造业中间品相对总投入占比（=所用制造业中间品／该部门总投入）

图6.1　各部门增加值占比、本部门中间品投入占比及制造业中间品占比

注：投入—产出表年份为2012年。为了能够与国民经济分类一致，对投入产出表的行业划分进行了合并。

资料来源：国家统计局。

首先,通过中间品的投入产出,建筑业同其他部门建立起紧密的产业关联。建筑业在生产过程中对来自其他部门中间品的需求超过98%,对本部门中间品需求只占不到2%(如图6.1(b)所示);尤其对制造业中间品的使用份额占总投入比例高达58%(如图6.1(c)所示)。建筑业对其他部门尤其是制造业部门中间品的大份额使用意味着建筑业生产同其他部门的联系十分紧密,如果建筑业受到需求冲击(如来自政府刺激或居民住房需求变化),此冲击会经由中间品需求增长的方式传播到上游其他供给部门,带来"上游效应"(Acemoglu et al.,2015),即需求冲击下中间品供给部门的生产扩张。而且,一旦建筑业生产扩张带动上游制造业的生产,由于制造业的生产中对本部门中间品的使用占比高达69%(如图6.1(b)所示),因而制造业本部门的生产扩张会进一步自我加强,进而放大建筑业扩张给经济带来的影响。

其次,建筑业受到的需求冲击更频繁。作为政府保增长的一种手段,产业政策经常以建筑业为实施对象。2008～2010年,建筑业投资率明显在政府刺激政策实行后开始上升,又在刺激政策结束后开始下降。图6.2显示了建筑业和制造业固定资产投资率之间的对比。其中2008～2010年对应期间建筑业投资率显著上升,对比之下,制造业投资率虽也有增长,但是变化幅度与其他年份相较差异不大。这基本反映出:政府2008年底加大对建筑相关的基础设施领域的投资,而刺激政策结束后投资回落。

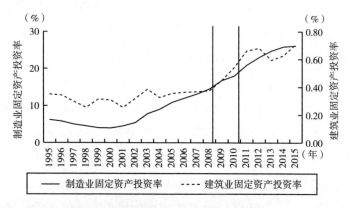

图6.2 制造业建筑业固定资产投资对比

注:其中两部门固定资产投资率等于两部门各自固定资产投资总额与该年度GDP之比。
资料来源:国家统计局。

建筑业与其他部门紧密的产业关联加之其频繁的投资波动，使得它成为宏观经济中重要的一环，也成为研究政策冲击在经济体中传播、扩大的最佳切入点。

鉴于以上事实，本章提取制造业和建筑业建立两部门模型，通过一般均衡模型的分析方法，研究产业政策在宏观经济中的传播，以及投入—产出关联在冲击传播过程中的作用。这一区分也与国外主流文献一致（Boldrin et al.，2013；Hornstein and Praschnik，1997；Morris and Heathcote，2005）。

早期文献中已存在关于单个部门冲击通过产业关联影响整体经济的研究，例如，通过引入中间品，建立耐用品和非耐用品的两部门模型，解释战后美国不同产业部门就业和产出的联动现象（Hornstein and Praschnik，1997）。众多公司或部门之间交错的生产网络既有助于理解宏观经济，又为宏观经济的增长和波动提供了企业或部门层面的微观基础。而企业内部生产网络对冲击的缓冲作用也有相关文献的证实（Giroud and Mueller，2017），并分别从企业自主决策、外生生产技术和搜寻供给方等角度入手模拟生产网络的形成和演化过程（Atalay，2011；Oberfield，2012；Carvalho，2014）。这种微观层面的生产关联乃至生产网络的形成会带来创新的传播（Alvarez et al.，2014）、微观扭曲的扩张（Jones，2011a&b）以及经济冲击的传播和扩散（Acemoglu et al.，2015；Carvalho et al.，2014；Grazzini and Spelta，2015）等宏观层面的影响。此外，还有研究关注国家和地区之间生产、贸易网络对冲击传播的影响（Kireyev and Leonidov，2015 等）。与本章研究更为贴近的是试图从经济体中代表性地提炼出两部门或多部门模型的产业关联文献，这一支文献更多地关注经济体中特定部门之间的投入—产出联系如何影响宏观经济表现。有研究通过多部门之间中间品的使用来试图解释实际经济周期（Long and Plosser，1983）。在引入中间品的两部门模型基础上（Hornstein and Praschnik，1997），有学者通过建立多部门模型模拟美国住宅投资的变化，对各产业间的正向相关以及建筑业显著的波动作出了解释（Morris and Heathcote，2005）。此后，博俊等（Boldrin et al.，2013）的研究用类似模型，试图通过校准美国家户对房产需求的变化，评估建筑业在美国 2008 年经济大萧条中扮演的角色。新近基于美国数据的实证分析（Acemoglu et al.，2015；Ozdagli and Weber，

2017）得到了部门间产业关联存在且能传播并放大冲击的显著证据，量化评估了政府扩大支出等需求侧冲击和技术进步等供给侧冲击对宏观经济带动效应的大小。阿西莫格鲁等（Acemoglu et al.，2017）的研究还特别强调分析了投入—产出关联在各部门产出联动中的重要角色。

虽然国外有关产业关联的研究已十分丰富，但中国的相关研究还不充分而且大多集中于实证研究。王国军和刘水杏（2004）从实证角度集中讨论了房地产业在经济体中的带动作用；潘文卿等（2015）的研究落脚在不同国家、省份的产业关联上，并分析了它们在产业链中的影响和地位；刘升龙（2010）利用1988～2007年的面板数据估计了网络性基础设计对中国经济增长的溢出效应；余典范（2011）在此基础上利用2002年和2007年两年的投入产出表，在米勒和布莱尔（1985）（Miller and Blair，1985），模型的基础上估计了中国51个产业的关联程度。

众多文献都证实了产业关联在中国经济体中广泛存在且颇有影响，但针对产业关联对冲击的传播和放大作用，相关理论研究和定量分析还不够清晰和准确。本章研究意在填补此空缺，通过建立两部门模型和一般均衡分析，着重量化分析中国建筑业和制造业之间产业关联的强度和影响，考察产业关联存在与否给冲击传播带来何种变化，并试图定量给出政府扩张型财政政策对总体经济的影响。

首先，本章在两部门模型（Long and Plosser，1983）模型的基础上加入劳动供给，同时引入政府对建筑业的补贴代表建筑业面临的需求冲击。通过求解政府乘数的表达式，证明产业关联在冲击传播和扩大过程中起到正向的放大作用，与此同时，政府干预带来的社会福利损失也因产业关联的存在而有所降低。在此简单模型的基础上，本章建立扩展模型，并利用投入—产出表校准模型，采用数值模拟方法计算政府补贴建筑业后的乘数小于1，但相对于不存在产业关联时的政府乘数，存在产业关联时的政府乘数被放大将近50%。因此，产业关联的存在会放大政府刺激政策的乘数，促进建筑业冲击的传播并增大其对整体经济的影响，同时能够缓解政府干预给社会福利带来的负面影响。

接下来的章节安排如下：第二部分建立一个包含建筑业和制造业的两部

门模型，通过引入中间品加入产业关联并求得解析解；第三部分在扩展得到的一般模型基础上利用中国数据进行校准，得到模型的数值结果并与实际数据进行对比和分析；第四部分考察产业关联存在与否的影响，进而给出本章的总结。

6.2　两部门与多部门模型

本部分建立一个建筑业—制造业的两部门动态模型，通过引入不同部门之间的产业关联考察需求冲击在部门之间传播并放大的过程。

在完全竞争市场中，无论家户还是生产者都面临给定的市场价格：工资、利率以及建筑品价格和制造业产品价格和建筑服务价格，其中，代表性家户是资本和劳动力的供给者，通过最大化自身的效用函数作出消费、投资和工作决策。

6.2.1　两部门简单模型

为了便于理解产业关联在传导单个部门冲击时的作用，在引入数值模拟之前，本部分通过以下简化的模型定性分析冲击的传播和扩散机制。简化模型的基础是两部门模型（Long and Plosser，1983），基于其设定，加入弹性劳动供给，并引入政府对建筑业的补贴因子代表政府刺激经济的行为。

假设效用函数的形式如下：

$$u(C_t, Z_t) = \theta_0 \ln Z_t + \theta_1 \ln C_{1t} + \theta_2 \ln C_{2t} \tag{6.1}$$

其中，家户效用来自闲暇 Z_t、对制造品的消费 C_{1t} 和对建筑品的消费 C_{2t}。$\theta_i(i=0, 1, 2)$ 代表闲暇和两种消费品各自在效用函数中的比重，$i=1$ 为制造业，$i=2$ 为建筑业。

资源约束条件为：

$$C_{it} + M_{i1t} + M_{i2t} = Y_{it}, i = 1,2 \tag{6.2}$$

$$Z_t = H - L_{1t} - L_{2t} \tag{6.3}$$

式（6.2）代表家户消费量、制造业中间品消耗量与建筑业中间品的消耗量总和等于当期该部门的生产总量。其中 $M_{ij}(i=1, 2)$ 表示部门 j 的生产中用到的来自部门 i 的中间品的量，$Y_i(i=1, 2)$ 代表部门 i 的产量。式（6.3）代表家户享有的闲暇时间与去往两个部门劳动时间之和等于家户拥有的时间总量 H，H 为给定常数。

制造业和建筑业的生产函数分别如下：

$$Y_{1t} = L_{1t}^{b_1} M_{11t}^{a_{11}} M_{21t}^{a_{21}} \tag{6.4}$$

$$Y_{2t} = L_{2t}^{b_2} M_{12t}^{a_{12}} M_{22t}^{a_{22}} \tag{6.5}$$

其中，$b_i + a_{1i} + a_{2i} = 1$，$i = 1$、2。两部门的生产都要使用来自家户的劳动、来自本部门的中间品和来自另一部门的中间品。

我们可以得到上述模型的解析解[①]，其中 β 为时间偏好。

（1）家户对两种消费品的消费以及闲暇时间的决策：

$$C_{1t} = \frac{\theta_1}{\gamma_1} Y_{1t} \tag{6.6}$$

$$C_{2t} = \frac{\theta_2}{\gamma_2} Y_{2t} \tag{6.7}$$

$$Z_t = \theta_0 (\theta_0 + \beta(\gamma_1 b_1 + \gamma_2 b_2))^{-1} H \tag{6.8}$$

（2）生产中使用到的中间品投入及劳动投入：

$$M_{iit} = \beta \alpha_{ii} Y_{it}, i = 1, 2 \tag{6.9}$$

$$M_{12t} = \frac{\beta \gamma_1 a_{12}}{\gamma_2} Y_{2t} \tag{6.10}$$

$$M_{21t} = \frac{\beta \gamma_2 a_{21}}{\gamma_1} Y_{1t} \tag{6.11}$$

$$L_{1t} = \beta \gamma_1 b_1 (\theta_0 + \beta(\gamma_1 b_1 + \gamma_2 b_2))^{-1} H \tag{6.12}$$

$$L_{2t} = \beta \gamma_2 b_2 (\theta_0 + \beta(\gamma_1 b_1 + \gamma_2 b_2))^{-1} H \tag{6.13}$$

---

① 模型的具体求解参见附录。多部门模型的求解详情，参见 Long and Plosser（1983）。

其中:

$$\gamma_1 = \theta_1 + \beta\gamma_1\alpha_{11} + \beta\gamma_2\alpha_{21} \tag{6.14}$$

$$\gamma_2 = \theta_2 + \beta\gamma_1\alpha_{12} + \beta\gamma_2\alpha_{22} \tag{6.15}$$

（3）利用边际效用构建的两部门产品的价格:

$$P_{1t} = \frac{\gamma_1}{Y_{1t}} \tag{6.16}$$

$$P_{2t} = \frac{\gamma_2}{Y_{2t}} \tag{6.17}$$

由于下一期的总产出由当期的决策决定，考虑到两种产品的价格，我们构建下一期增加的总产出（即实际 GDP）如下:

$$GDP_{t+1} = C_{1t+1}P_{1t} + C_{2t+1}P_{2t} \tag{6.18}$$

简单模型中由于未涉及资本，因而实际 GDP 在此仅为消费的价值总和。我们想要得到的是，如果政府决定通过一次性税收对建筑业进行补贴，使得建筑品的价格对家户来说下降为原市场价的（$1 - \tau$）倍（τ 为政府的补贴因子，介于 0 和 1 之间），那么经济体的总产出和家户的总效用将如何变化。[①]

原家户决策条件为:

$$\frac{U_{C_{1t}}}{U_{C_{2t}}} = \frac{\theta_1}{\theta_2} \cdot \frac{C_{2t}}{C_{1t}} = \frac{P_{1t}}{P_{2t}} \tag{6.19}$$

由于政府对建筑品价格的补贴，补贴政策下家户决策条件如下:

$$\frac{U_{C_{1t}}}{U_{C_{2t}}} = \frac{\theta_1}{\theta_2} \cdot \frac{C_{2t}}{C_{1t}} = \frac{P_{1t}}{(1 - \tau)P_{2t}} \tag{6.20}$$

为了便于理解，我们构造一个新的偏好系数 $\theta_1 = \dfrac{\theta_2}{(1 - \tau)}$，则家户新的决策条件可改写成:

$$\frac{\theta_1}{C_{1t}} \cdot \frac{C_{2t}}{\theta_2'} = \frac{P_{1t}}{P_{2t}} \tag{6.21}$$

在新的偏好系数下求解上述问题，同时注意到政府为了补贴建筑品，需要的税收总额为：

$$T_{t+1} = \tau P_{2t+1} C_{2t+1} \tag{6.22}$$

在此基础上，求解政府补贴乘数，即政府每增加 1 单位税收用于补贴建筑业，会增加多少单位的总产值。经计算结果如下：

$$K_G = \frac{\partial GDP_{t+1}}{\partial T_{t+1}} = 1 \tag{6.23}$$

由此可以发现，在简单模型中，政府乘数符合古典模型中的李嘉图等价，即 1 单位的政府支出会对应 1 单位的 GDP 增加，政府乘数恒等于 1。原因在于简单模型中没有引入任何形式的摩擦，加之两部门产品替代弹性为 1，政府干预只是带来资源在两部门之间的重新配置而没有其他效应。如果考虑新凯恩斯价格黏性，很有可能会导致政府乘数大于 1，但这对本章研究的基本结论没有影响。

除了政府乘数，我们还需要考虑政府税收对家户效用的影响。

在上述乘数的计算过程中，政府对建筑业部门的补贴改变了两种商品的相对价格，经由家户决策的一阶条件，在补贴政策下，家户的决策等价于无补贴政策中家庭偏好因子上升后所做的决策。政府补贴后总体经济产出之所以会增长，在于家户总体劳动投入在新的相对价格下增加。不过，一旦反观家户福利就会发现，虽然在政府的补贴政策下经济体总产值有所增加，但家户的福利反而减少。

相对政府不干预的情况，关于政府干预后系统的稳态，我们有以下两个命题。

命题 6 - 1：政府补贴会增加总体劳动投入并扩大产出，产业关联会放大政府刺激下的劳动投入和总产出：

$$\frac{\partial(L_1 + L_2)}{\partial \tau} > 0, \frac{\partial^2(L_1 + L_2)}{\partial a_{ij}\partial \tau} > 0, i \neq j \tag{6.24}$$

$$\frac{\partial \ln Y}{\partial \tau} > 0, \frac{\partial^2 \ln Y}{\partial a_{ij} \partial \tau} > 0, i \neq j \tag{6.25}$$

其中，Y 代表进入家户效用函数的产出，$\ln Y \triangleq \theta_1 \ln C_1 + \theta_2 \ln C_2$，当 $\tau > 0$，表示政府对建筑业的补贴[①]。

这意味着政府补贴在产品市场上改变生产决策，总产出增加，对劳动的需求随之增加。同时，产业关联的存在强化了各部门之间中间品的往来，进一步放大了由于政策干预带来的总产出和总劳动需求的增长。

命题 6 - 2：政府补贴会降低社会福利，但下降幅度会随着产业关联的增强而减小：

$$\frac{\partial u}{\partial \tau} < 0, \quad \frac{\partial^2 u}{\partial \tau \partial a_{ij}} < 0, \quad i \neq j \tag{6.26}$$

这与福利经济学第一定理一致。命题 6 - 2 表明，虽然在古典模型的假定下政府刺激乘数恒等于 1，但是在政府未加干预时，经济体处于无外部性的完全竞争均衡；引入政府补贴后，由于价格扭曲，整体社会福利下降。不过，如果经济体各部门之间存在产业关联，产业关联的加强（a_{ij} 增大，$i \neq j$）可以缓解干预带来的扭曲，减少政府干预造成的家户福利下降。

通过基础模型本章得到了以上定性结果，为了更准确地分析政府补贴的一般均衡效果，我们将构建引入资本投资决策和动态调整的拓展模型，通过校准模型来定量分析产业关联在政策传播、扩散中的作用。

6.2.2 多部门拓展模型

本部分在前述建筑业——制造业两部门模型的基础上，构建多部门拓展模型。具体的模型构建及均衡条件的求解如下。

6.2.2.1 模型建构

无限期生存家户的最大化总效用问题如下：

---

① 命题 6 - 1 的证明借鉴了欧内斯特·刘（2017）（Liu Ernest, 2017），中所采用的方法，利用全微分和包络定理对企业的利润最大化和家户的效用最大化行为进行分析，参见附录。

$$\max_{c_t,k_{t+1},s_{t+1}} \sum_{t=0}^{\infty} \beta^t \left[u(c_t,h_t) + \gamma v(n_t) \right] \tag{6.27}$$

使得：

$$c_t + x_t^k + p_t^s x_t^s = w_t n_t + r_t^k k_t + p_t^l (l_t - l_{t+1}) + \pi_t^y + \pi_t^s - T_t \tag{6.28}$$

$$h_t = H(s_t, l_t) = z_h s_t^\varepsilon l_t^{1-\varepsilon} \tag{6.29}$$

$$x_t^k = k_{t+1} - (1 - \delta_k) k_t \geq 0 \tag{6.30}$$

$$x_t^s = s_{t+1} - (1 - \delta_s) s_t \geq 0 \tag{6.31}$$

$$c_t, k_{t+1} \geq 0 \tag{6.32}$$

其中，c_t 代表家户当期对制造业产品的消费，h_t 代表家户当期的建筑服务消费，建筑服务 h_t 的供给由建筑业提供的产品（称为建筑品）s_t 和土地 l_t 共同决定。每一期家户的效用函数中除了包含一般制造品消费 c_t 和建筑服务消费 h_t 以外，还包含对闲暇（$1-n_t$）的偏好，其中家户拥有的时间被单位化为 1，n_t 代表家户的劳动时间。x_t^k 和 x_t^s 分别是家户对资本品和建筑品的投资决策；δ_k 和 δ_s 分别代表资本品和建筑品两者各自的折旧率，k_t 和 s_t 则分别是相应存量。w、r_k、p_s、p_l 分别是由市场决定的工资、利率、建筑品价格和土地的价格。企业产权归家户所有，π_t^y 和 π_t^s 分别为每期制造业企业和建筑业企业的利润，在完全竞争市场下等于零。

家户通过选择消费品、建筑服务和闲暇时间来最大化自己的效用，同时面临着预算约束：消费与投资的总价值不能超过家户的总收入——劳动工资收入、利息收入、土地增值与企业利润之和减去政府的一次性税收。

家户使用的建筑服务量由家户选择的建筑投资和土地共同决定，制造业和建筑业的投资减去当期存量的折旧，共同组成下一期的资本或者建筑品存量，两部门有着各自不同的折旧率，并且假定投资都是不可逆的，也就是每一期的投资（不考虑折旧的情况下）不能为负，消费和总的投资决策也不能为负。

为方便起见，本章研究将建筑业生产的产品统一称为建筑品，建筑品可以通过与土地结合为家户提供建筑服务，也可以作为中间品进入生产函数；制造业生产的产品统一称为制造品，制造品既可作为消费品供消费者消费，也可作为投资按 1:1 的比例转化为资本品进入下一期生产，还可直接作为中间品进入生产函数。

通过四种投入生产制造品的生产函数如下：

$$Y_t = A_t^y F(k_t^y, n_t^y, m_t^{y,y}, m_t^{s,y})$$
$$= A_t^y (k_t^y)^{\alpha_1} (n_t^y)^{\alpha_2} (m_t^{y,y})^{\alpha_3} (m_t^{s,y})^{\alpha_4} \qquad (6.33)$$

其中，制造品的价格被标准化为 1，k_t^y、n_t^y、$m_t^{y,y}$、$m_t^{s,y}$ 分别代表企业要使用的资本、劳动、来自本部门的中间品和来自建筑业的中间品，Y_t 代表制造业总产出，A_t^y 代表制造业的生产技术，并且此处假设制造业生产函数规模报酬不变，也就是 $\alpha_1 + \alpha_2 + \alpha_3 + \alpha_4 = 1$。

类似地，通过四种投入生产建筑品的生产函数如下：

$$X_t = A_t^s F(k_t^s, n_t^s, m_t^{s,s}, m_t^{y,s})$$
$$= A_t^s (k_t^s)^{\gamma_1} (n_t^s)^{\gamma_2} (m_t^{s,s})^{\gamma_3} (m_t^{y,s})^{\gamma_4} \qquad (6.34)$$
$$\gamma_1 + \gamma_2 + \gamma_3 + \gamma_4 = 1$$

在经济下行时，政府通常会投资桥梁、道路、住房等基础设施，刺激经济增长；投资的增长带来建筑业产出的增加，建筑服务的价格随之变化，进而影响家户决策。以铁路建设为例，建筑品（站台、铁轨的铺设等）同土地一起构成建筑服务——铁路交通服务，一旦政府大幅度提高铁路的投资，例如，兴建动车、高铁，就会带来铁路交通的便捷，也会相应地降低家户出行所需交通服务的价格。更重要的是，政府兴建基础设施，一方面降低了企业的运输成本，另一方面为建筑企业提供了各项政策便利，如较低的地价、较少的时间成本等，可以近似理解为降低了建筑业提供服务的价格。因此，我们引入补贴因子 τ_t 代表政府对建筑服务的补贴，当其为正时代表政府加大了对建筑相关的如保障房、交通设施等的补贴，总的补贴额度为 $\tau_t R_t h_t$，其来源为政府的一次性税收 T_t。

政府通过一次性税收从家户手中获得税收收入，而后将税收收入全部用于刺激政策补贴建筑业。

政府收支平衡：

$$T_t = \tau_t R_t h_t \qquad (6.35)$$

6.2.2.2　均衡条件

家户最大化效用的一阶条件为：

$$\frac{-\gamma v'(n_t)}{u_c(c_t,h_t)} = w_t \tag{6.36}$$

$$\frac{u_c(c_t,h_t)}{\beta u_c(c_{t+1},h_{t+1})} = 1 + r_{t+1}^k - \delta_k \tag{6.37}$$

$$\frac{u_h(c_t,h_t)}{u_c(c_t,h_t)} = R_t \tag{6.38}$$

式（6.36）~式（6.38）分别代表了家户在当期消费和闲暇之间、跨期消费以及当期物品消费和建筑服务消费之间的取舍。其中，工资 w_t、利率 r_t^k、建筑服务价格 R_t 都由制造品（也就是消费品）来衡量。家户通过外生给定的工资决定工作的时长，根据利率来决定投资（也就决定了下一期的消费），根据建筑服务的价格决定使用建筑服务的数量。其中，R_t 为 t 期建筑服务的价格，满足下式①：

$$p_t^s = \frac{1}{1 + r_{t+1}^k - \delta_k}[R_{t+1}H_s(s_{t+1},l_{t+1}) + p_{t+1}^s(1 - \delta_s)] \tag{6.39}$$

$$p_t^l = \frac{1}{1 + r_{t+1}^k - \delta_k}[R_{t+1}H_l(s_{t+1},l_{t+1}) + p_{t+1}^l] \tag{6.40}$$

式（6.39）和式（6.40）可以理解为建筑品和土地两种物品的定价方程，其单位定价分别等于各自在下一期所产生的边际建筑服务价值和出售价值之和的折现。其中，土地没有折旧。

制造业企业同家户一样，面临着市场给定的价格，并依此作出利润最大化的劳动雇佣和中间品使用决策。π_t^y 代表制造业企业的利润，那么制造业的最大化问题为：

$$\pi_t^y = \max_{k_t^y,n_t^y,m_t^{y,y},m_t^{s,y}} Y_t - w_t n^y - r_t^k k_t^y - m_y^{y,y} - p_t^s m_t^{s,y} \tag{6.41}$$

---

① R_t 代表隐含的基建服务的价格，用消费品作为单位。两个式子代表当期购买土地 l_t 或者基建产品 S_t 的成本由基建服务的未来收益决定。

给定价格，制造业企业最大化问题的一阶条件如下：

$$r_t^k = A_t^y F_1 = A_t^y \alpha_1 F/k_t^y \tag{6.42}$$

$$w_t = A_t^y F_2 = A_t^y \alpha_2 F/n_t^y \tag{6.43}$$

$$1 = A_t^y F_3 = A_t^y \alpha_3 F/m_t^{y,y} \tag{6.44}$$

$$p_t^s = A_t^y F_4 = A_t^y \alpha_4 F/m_t^{s,y} \tag{6.45}$$

通过以上四个条件，企业进行资本、劳动和中间品的投入的决策。其中，资本投入由利率决定，劳动投入根据工资决定，由于制造品在此模型中作为计价物品，因而制造业去往本部门的中间品价格等于 1，建筑业去往制造业的中间品投入就由建筑品价格决定。

建筑业的厂商决策与制造业类似。π_t^s 代表建筑业企业的利润，其最大化问题为：

$$\pi_t^s = \max_{n_t^s, k_t^y, m_t^{s,s}, m_t^{y,s}} P_t^s X_t^s - r_t^k k^s - w_t n_t^s - p_t^s m_t^{s,s} - p_t^y m_t^{y,s} \tag{6.46}$$

通过选择资本、劳动和中间品的投入来最大化企业利润。

建筑业的一阶条件与制造业类似，具体如下：

$$r_t^k = A_t^y G_1 = A_t^s \gamma_1 G/k_t^s \tag{6.47}$$

$$w_t^k = A_t^s G_2 = A_t^s \gamma_2 G/n_t^s \tag{6.48}$$

$$p_t^s = A_t^s G_3 = A_t^s \gamma_3 G/m_t^{s,s} \tag{6.49}$$

$$1 = A_t^s G_4 = A_t^s \gamma_4 G/m_t^{y,s} \tag{6.50}$$

企业分别根据利率、工资、建筑品价格和制造业产品价格来决定资本、劳动、建筑中间品和制造中间品的投入。建筑企业同样面临完全竞争市场，所有的价格都是由市场外生（外生于企业）决定的。

在完全竞争市场下，制造业企业和建筑业企业的利润 π_t^y、π_t^s 都等于 0。

加入政府补贴因子 τ_t 后对家户和生产部门决策的一阶条件并没有实质性的影响，只有决定建筑服务消费的一阶条件发生了变化，成为：

$$\frac{u_h(c_t, h_t)}{u_c(c_t, h_t)} = (1 - \tau_t)R_t \tag{6.51}$$

式（6.51）意在说明，当政府决定采取刺激政策并且该政策主要指向基础设施建设时，相当建筑品 s_t 得到补贴，进而降低了建筑服务 h_t 的价格，使得受到补贴后的价格只有原来 R_t 的 $1 - \tau_t$ 倍。

此两部门模型中的均衡为：价格体系 $\{w_t\}_{t=0}^{\infty}$、$\{r_t^k\}_{t=0}^{\infty}$、$\{p_t^s\}_{t=0}^{\infty}$、$\{p_t^l\}_{t=0}^{\infty}$ 和资源配置 $\{c_t\}_{t=0}^{\infty}$、$\{n_t\}_{t=0}^{\infty}$、$\{x_t^s\}_{t=0}^{\infty}$、$\{x_t^k\}_{t=0}^{\infty}$、$\{k_t^y\}_{t=0}^{\infty}$、$\{n_t^y\}_{t=0}^{\infty}$、$\{m_t^{s,y}\}_{t=0}^{\infty}$、$\{m_t^{y,y}\}_{t=0}^{\infty}$ 和 $\{k_t^s\}_{t=0}^{\infty}$、$\{n_t^s\}_{t=0}^{\infty}$、$\{m_t^{s,s}\}_{t=0}^{\infty}$、$\{m_t^{y,s}\}_{t=0}^{\infty}$，使得给定价格：

（ⅰ）$\{c_t\}_{t=0}^{\infty}$、$\{n_t\}_{t=0}^{\infty}$、$\{x_t^s\}_{t=0}^{\infty}$、$\{x_t^k\}_{t=0}^{\infty}$ 解决家户最大化效用问题。

（ⅱ）$\{k_t^y\}_{t=0}^{\infty}$、$\{n_t^y\}_{t=0}^{\infty}$、$\{m_t^{s,y}\}_{t=0}^{\infty}$、$\{m_t^{y,y}\}_{t=0}^{\infty}$ 解决制造业企业最大化利润问题。

（ⅲ）$\{k_t^s\}_{t=0}^{\infty}$、$\{n_t^s\}_{t=0}^{\infty}$、$\{m_t^{s,s}\}_{t=0}^{\infty}$、$\{m_t^{y,s}\}_{t=0}^{\infty}$ 解决建筑业企业最大化利润问题。

（ⅳ）市场出清。

资本市场出清：$k_t = k_t^y + k_t^s$。

劳动市场出清：$n_t = n_t^y + n_t^s$，即制造业和建筑业雇佣劳动的总量等于家户提供的劳动量。

土地市场出清，这里本章研究假设土地供给不变：$l_t: = l_{t-1} = \bar{l}$。

制造品市场出清，制造品总量等于家户消费、投资、制造业中间品和建筑业中间品的总和：$A_t^y F = c_t + x_t^k + m_t^{y,y} + m_t^{y,s}$。

建筑品市场出清，建筑品总量等于家户建筑投资、建筑业中间品和制造业中间品的总和：$A_t^s G = x_t^s + m_t^{s,s} + m_t^{s,y}$。

6.3 数值模拟下的带动效应

前述已经给出家户的效用最大化问题：

$$\max_{c_t, k_{t+1}, s_{t+1}} \sum_{t=0}^{\infty} \beta^t \left[u(c_t, h_t) + \gamma \nu(n_t) \right] \tag{6.52}$$

其中，$u(c_t, h_t)$ 和 $\nu(n_t)$ 采用如下形式：

$$u(c_t, h_t) = \frac{1}{\rho} \ln \left[\eta c_t^\rho + (1 - \eta) h_t^\rho \right] \tag{6.53}$$

$$\nu(n_t) = \frac{n_t^{1+\frac{1}{\nu}}}{1 + \frac{1}{\nu}} \tag{6.54}$$

式（6.52）~式（6.54）分别代表了家户对消费、住房服务和闲暇的偏好，采用 CES 效用函数的对数形式，ρ 决定了家户消费中制造品消费和建筑服务消费的替代弹性 $\varepsilon_{ch} = \frac{1}{1 - \rho}$。引入这种效用函数，在两种不同的消费之间建立起比一般柯布—道格拉斯效用函数更强的互补关系。这意味着，在现实生活中，一旦家户增大建筑服务消费，其他制造品的消费也会随之增加，例如，买房后，装修过程需要购买家具、家电；道路拓宽后，私家车的需求增加；交通便捷后，更加频繁的旅游出行带来消费增加等。由于本章研究模型中假定公司归家户所有，因而还可能包括由于基础设施的修建使交通成本减少后公司投入品采购的增加等。

本章研究模型校准的重点在生产函数的参数估计上。

根据投入产出表中劳动、资本和中间品的份额，得到制造业和建筑业的生产函数的参数，如表 6-1 所示。

表6.1　　　　　　　　　　　中美生产函数对应系数对比

生产要素	k^y	n_y	m_{yy}	m_{sy}	k^s	n_s	m_{ss}	m_{ys}
参数	α_1	α_2	α_3	α_4	γ_1	γ_2	γ_3	γ_4
美国	0.18	0.5	0.035	0.285	0	0.6	0.02	0.3
中国	0.059	0.149	0.501	0.291	0.02	0.25	0.04	0.69

表 6.1 中第四行为根据中国 2012 年度投入产出表校准的生产函数的参数①，效用函数的参数选取沿用既有文献中的常用数值，并在中国数据的基础上调整，使得稳态下模型结果满足以下事实：

---

① 详情可见附录。第四行与第三行美国既有参数的对比可发现两套参数存在差别但并不是实质性的。这一生产函数上的相近通过投入产出表的比对也可以发现。对比见附录。

（1）建筑业占总产出 GDP 的比例约为 0.18；

（2）家户劳动总时约为 $n_y + n_s = 0.7$；

（3）家户消费占制造业总产出约为 0.3；

结果见表 6.2。

表6.2 模型中用到的其他参数

参数	A_s	A_s	β	γ	ρ	ν	ϵ	η	z_h	δ_s	δ_y
数值	2.04	1	0.96	0.97	2	2	0.3	0.435	0.114	0.015	0.115

给定上述参数①的基础上，我们校准 τ 的变化。

由图 6.2 已知，2005 ~ 2014 年，建筑业在 2008 ~ 2009 年经历了资产投资增速的显著上升，对应现实中政府于 2008 年底启动 2010 年结束的扩张性政策。2009 年建筑业固定资产投资从 2008 年的 1.20 万亿元提高到 1.56 万亿元，交通仓储业更是从 2008 年的 1.57 万亿元跃升至 2.33 万亿元。

与建筑业相关领域产出的数据经过 HP – filter 处理，如图 6.3 所示，（1）（3）（5）（7）展示原始数据和数据趋势，（2）（4）（6）（8）展示原始数据对数据趋势的偏离幅度。从上至下分别是房屋施工面积（万平方米）、房屋竣工价值（亿元）、货物运输量（万吨）、铁路营业里程（万千米）（建筑服务建设周期较长，因而政府对建筑业的刺激要经过一段时间才会显现成效，建筑服务的增长往往也会延后。尤其诸如铁路运营里程这类变量，要投入使用后才计入当年统计数据，所以铁路里程的变化在 2010 年才显著升高），由数据可知，政府刺激政策 2008 年底启动，2009 年开始显现成效，导致建筑服务在 2009 ~ 2010 年偏离趋势上升 5% 以上。

---

① 通过数据对 ρ 的估计也证实了两种消费之间的互补关系，参数 ρ 的校准利用了如下回归：$\ln R = \ln\left(\dfrac{1-\eta}{\eta}\right) + (\rho - 1)\ln\dfrac{H}{C}$，数据均来自国家统计局 2000 年后的年度数据，包括商品房平均销售价格、商品房销售面积、实际最终消费。

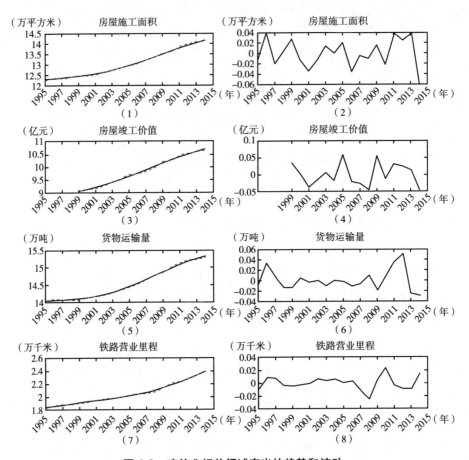

图 6.3 建筑业相关领域产出的趋势和波动

注：时间序列数据皆经过 HP 滤波处理，（1）（3）（5）（7）为数据趋势，（2）（4）（6）（8）为数据波动。

资料来源：国家统计局。

　　图 6.4 则更加针对性地展示了建筑业、制造业、交通仓储业及总投资的时间序列的趋势和波动。从图 6.4 中可以发现，如果将时间限定在 2009 ~ 2010 年，总投资及制造业的投资波动并不大，与趋势的偏离稳定在 5 个百分点左右。但建筑业以及建筑相关的交通仓储业的投资波动偏离趋势基本在 10% 以上甚至达到 20%。

　　以上述数据为基础，可以通过如下公式计算政府的支出乘数。这一公式的含义为：以国内生产总值的变动为分子，以政府支出的变动为分母，两者

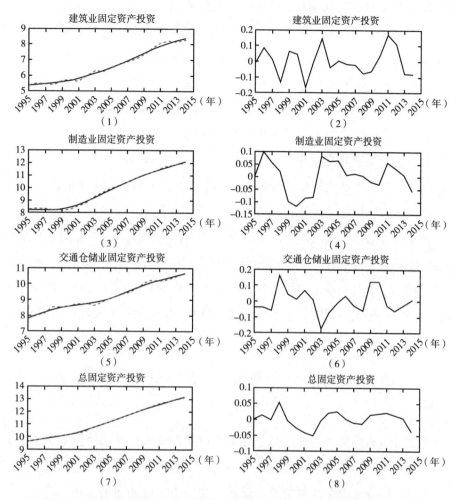

图 6.4　建筑业投资、制造业投资、交通仓储投资和总投资的趋势与波动

注：时间序列数据皆经过 HP 滤波处理，（1）（3）（5）（7）为数据趋势，（2）（4）（6）（8）为数据波动。由上至下依次为建筑业固定资产投资、制造业固定资产投资、交通仓储业固定资产投资、总固定资产投资。

资料来源：国家统计局。

之间的比率可以被视为政府的支出乘数。也就是每 1 单位政府支出所带来的经济总体的变化。即：

$$K_G = \frac{\Delta GDP}{\Delta GovernmentSpending} = \frac{\Delta GDP}{\Delta T} = \frac{\Delta GDP}{\tau Rh} \qquad (6.55)$$

经计算，如果要使建筑业的投资增长率超出稳定趋势 11%，政府的补贴因子要达到 0.21。也就是说，政府的补贴要使家户面临的建筑品市场价格达到原有市值的 79%，才能使得建筑业投资呈现出数据中所呈现的增长率，对应政府支出乘数 0.6。此乘数意义为：当年政府刺激建筑业，补贴家户购买建筑服务 1 元，长期来看（直至到达下一个稳态）国内生产总值共增加 0.6元。这与实证文献中中国政府消费乘数比较接近。王国静（2014）计算得到政府消费乘数约为 0.79，政府投资乘数则高达 6.11；李生祥（2004）计算得到短期政府购买乘数当期约为 1.6，转移支付乘数则较低，约为 0.37。

此外，当考虑政府补贴政策时，τ 的取值介于 0~1。如果 τ 取值小于 0，就意味着政府对该行业由补贴转向收税。

除了计算乘数，本章研究的另一重要意图在于考察产业关联对于单部门冲击扩散到整体经济这一过程的影响。因此，在初始模型的基础上，本章接下来将构建一个其他假定相同，只是不存在产业关联的模型，在此模型中考察单部门冲击扩散的程度，通过与初始模型的对比说明产业关联的重要作用。

6.4 反事实政策验证：无产业关联的情况

本部分意在考察产业关联的存在对政府刺激政策传播和放大的影响。如果想建立一个不存在产业关联的两部门模型，其中家户和政府的设定并不需变动，唯一的变动是去掉制造业和建筑业之间中间品的使用和相互使用，由此消除产业关联的影响。

6.4.1 模型

此时，制造业生产函数只包括劳动和资本两项投入，不再计入两个部门中间品的投入使用，具体如下：

$$Y_t = A_t^y F(k_t^y, n_t^y)$$

$$= A_t^y (k_t^y)^{\alpha_1} (n_t^y)^{\alpha_2} \tag{6.56}$$

同理，建筑业生产函数为：

$$X_t^s = A_t^s G(k^s, n_t^s)$$
$$= A_t^s (k^s)^{\gamma_1} (n_t^s)^{\gamma_2} \tag{6.57}$$

其中，$\alpha_1 + \alpha_2 = 1$，$\gamma_1 + \gamma_2 = 1$。

去掉中间品投入后，市场均衡的定义和条件仅在制造品和建筑品市场的出清上发生了改变。

制造品市场出清：$A_t^y F = c_t + x_t^k$。

建筑品市场出清：$A_t^s G = x_t^s$，其他市场不变。

制造业最大化问题为：$\pi_t^y = \max_{k_t^y, n_t^y} Y_t - w_t n_t^y - r_t^k k_t^y$。

给定价格，制造业企业最大化问题一阶条件如下：

$$r_t^k = A_t^y F_1 = A_t^y \alpha_1 F / k_t^y$$

$$w_t = A_t^y F_2 = A_t^y \alpha_2 F / n_t^y$$

建筑业企业决策与制造业类似，最大化问题为：

$$\pi_t^s = \max_{n_t^s} p_t^s X_t^s - r_t^k k^s - w_t n_t^s$$

建筑业企业一阶条件如下：

$$r_t^k = A_t^y G_1 = A_t^s \gamma_1 G / k_t^s$$

$$w_t = A_t^s G_2 = A_t^s \gamma_2 G / n_t^s$$

6.4.2　校准

我们保持模型其他参数不变，通过原生产函数中资本和劳动使用系数之比给新的生产函数中资本和劳动的系数（α_1、α_2、γ_1、γ_2）赋值，并在此基础上按照同样的标准对 A_y 和 z_h 进行校准（建筑业占总产出 GDP 的比例约为 0.18，家户消费占制造业总产出约为 0.3，详见附录 A 中存在产业关联的模型校准），得到新的参数见表 6.3。

表 6.3   无产业关联的模型参数校准

参数	α_1	α_2	γ_1	γ_2	A_y	z_h
数值	0.5	0.5	0.15	0.85	1.626	0.0739

表 6.3 中展示本章研究采用的在无产业关联的模型中的校准得到的参数。为了方便比较，如果我们继续保持 0.21 的补贴因子，同样的方法计算出此时政府刺激政策的乘数为 0.4，政府刺激的作用在没有产业关联的情况下变得更小。

由此可见，部门间产业关联的存在有助于实现政府政策刺激整体经济的效果。

不论是定性求解还是定量计算，本章研究模型显示，经济运行中单个部门受到的冲击会通过产业关联传播并扩散到整个经济。虽然政府对建筑业 1 单位的补贴给整体经济的产出乘数效应小于 1，但是当存在产业关联时政府支出乘数约为 0.6，无产业关联下政府刺激乘数仅为 0.4。也就是说，对应无产业关联的情况，产业关联的存在加强了政府刺激经济的效果。与此同时，模型求解后显示产业关联的存在能够有效降低政府干预中社会福利的下降。由于本章研究着重讨论政府刺激的后续作用，因而假定了政府刺激的外生，没有加入家户投资建筑业时可能面临的信贷约束。现实中，政府刺激政策往往伴随基础设施、房地产等建筑业相关领域的大幅度信贷扩张（Bai et al.，2016）。根据研究发现，经济活动中以土地等实业为代表的信贷抵押品的存在，会放大经济体受到的外生冲击（Kiyotaki and Moore，1997）。这意味着，政府刺激带来的信贷扩张会使经济体对外生的冲击更加敏感，本章的研究结果得到进一步强化。

从投入—产出表出发建立一般均衡模型，本章研究充实了中国现有的产业关联研究，并给出了产业政策带动效应的对比分析，在有产业关联和无产业关联的情况下，校准模拟刺激政策下政府支出乘数，得到的结果显示，产业关联的存在有助于扩大政府产业政策的实施效果，同时能够缓解政府干预下价格扭曲带来的社会总福利损失。

这一研究结果具有丰富的现实意义。在经济下滑的调整阶段，特别是在整体经济遇到外部冲击的时期（如全球金融危机），市场有效需求不足，需要政府政策的干预和刺激来稳定经济增长。而当政府进行投资具体领域的决策或制定各类产业政策时，就不仅需要考虑该产业的公共属性以及是否有助于提高长期经济增长潜力，还需要综合考察该产业同其他经济部门的关联情况。本章研究显示，政府投资具有较强产业关联的部门不仅有助于提高政策效果，还有助于缓解政府干预对社会福利带来的损失。

此外，本章研究中用来代表政府刺激的补贴因子 τ 介于 $0\sim1$，如果 τ 取值小于零，则可将之视为政府对建筑业的税收，用于估计房产税实施后对经济体的影响，乃至求解最大化社会总福利的最优税收等，建立进一步的后续研究。

第 7 章 区域房价与人口分布

7.1 住房成本与人口分布

随着城市的扩张和经济的发展，城市内部的劳动力分布及住房成本变化成为学术界关心的重要问题之一。一般来说，劳动力流向与房屋价格密切相关，尤其是对流动人口来说，住房成本的高低将直接影响其居留选择。而仅就城市内部来看，房屋售价和出租价格的差异也会带来城市劳动人口分布的区域分化。北京作为我国的首都，具有人口流动大、房屋均价高等显著特征，尤其成为研究的重点对象。

中国的经济改革在实现经济飞速增长的同时，伴随着区域之间、区域内部的劳动力流动和分布的改变。党的十九届五中全会通过的《中共中央关于制定国民经济和社会发展第十四个五年规划和二〇三五年远景目标的建议》（以下简称《建议》）指出，到 2035 年基本实现社会主义现代化远景目标。《建议》在阐述"十四五"时期经济社会发展主要目标时指出，实现高质量发展要求"推进区域协调发展和新型城镇"。随着新型城镇化的推进，城市劳动力的区域流动及其中的异质性也明显增加，研究城市劳动力区域流动与内部分布、量化描述中国的劳动力流动变迁，对推动实现"区域协调发展"，实现协调、共享的高质量发展有重要意义。

区域协调与劳动力流动一直以来是国民经济的重要组成部分。2020 年政府工作报告中提出要通过稳就业、促民生，发挥中心城市和城市群综合带动作用；2021 年政府工作报告再次强调"推进以人为核心的新型城镇化"，并

"破除制约要素合理流动的堵点"，形成国民经济良性的循环，以促进国内国际双循环体系的建立和完善。劳动力的区域流动在新型城镇化和国内大循环的建立过程中都扮演着重要的作用。此外，2020 年全球新冠肺炎疫情蔓延，由此带来诸多不确定因素，给城镇化发展及劳动力流动带来了巨大压力。劳动力的地域转移也因此发生了不同以往的改变。

突发公共事件在影响经济活动的同时，不可避免地给劳动力流动带来冲击。例如，受全球疫情蔓延的影响，参与国际贸易的相关行业就业机会流失，并且受欧美等主要留学目的地疫情的影响，出国留学人员和留学归国人员呈现出不同往年的变化，带来新的区域不平衡，冲击国内劳动力的就业地域流动。另外，在国内疫情防控的大环境下，工资、地域相对稳定的岗位趋于饱和，区域之间的流动性受阻，导致劳动力向次级劳动市场渗透（陈建伟和赖德胜，2020）。

2020 年初，新冠肺炎疫情的暴发给全世界经济活动都带来了严重的冲击。随着我国疫情逐渐得到控制，全国范围内开始复工复产。但疫情过后，城市人口的流动及其在城市中的分布也发生了变化。人们开始重新思考、选择工作和生活方式。本书拟以北京市这一特大城市为例，研究疫情冲击下人口的流向与分布变化，估计其与住房成本之间的关系变化，探究疫情过后个体和家庭在选择居留地时对住房成本变化的弹性。进而，基于实证结果分析疫情冲击下个体决策过程中对城市住房成本的敏感程度，为疫情后城镇化的进一步推进及城市区域均衡发展的政策制定提供参考依据。

与此同时，疫情还催生新的入学、求职、就业形势，互联网应用的发展也在一定程度上增进了区域之间协调发展的能力。例如，高校或者用人单位为配合疫情防控的需求，采用线上面试、线上录取、线上签约等新型方式，使得外地劳动者也能够参与招聘过程，降低异地招聘的阻碍。同时，各大网络平台的信息发布和共享也提供了较大的辅助作用。而为了缓解疫情冲击，各类灵活就业方式涌现，自主创业和自由职业增加，例如，开网店、"直播带货"（互联网营销）、视频 UP 主（互联网视频博主）以及电子竞技工作者等都被纳入教育部发布的最新高校毕业生就业分类中，新型工作岗位的地域特色和聚集程度都不同以往。

为应对疫情冲击，中央及各级地方政府出台了一系列政策措施拓宽就业渠道，以稳定各区域就业，包括减免企业缴费，同时利用重大工程、基层岗位等创造需求，吸引劳动力流向基层、流向西部等。随着我国疫情形势的好转，复工复产全面推进。自 2020 年 5 月以来生产供给持续回升，就业和物价总体趋于稳定。虽然劳动力的流动还未能全面恢复到疫情前的水平，但这在国际经济社会形势深受疫情全面肆虐的大背景下已经尤为难得（安蓓，2020）。疫情余波仍在，未来劳动力区域流动的前景还有待研究和分析，因此，量化评估我国劳动力流动的趋势及受到的疫情冲击、识别劳动力地域偏好的变化，是后疫情时代应对新形势下不确定性的重要且亟须研究的领域。

城镇化进程中，劳动人口流动与城市诸多部门相关，也涉及居住、通勤、城市中心功能调整。此外，新冠疫情余波仍在，突发公共事件对劳动力的冲击及其应对手段有效性的评估迫在眉睫。因此，从时间—空间两个维度给出劳动力区域之间和区域内部流动的趋势及波动，有助于相关部门进行针对性调整，也有助于区域之间的发展协调。

本章研究的问题主要涉及国内外文献中关于劳动力流动和住房成本关系的研究。国内外学者主要从三个方面研究居住成本与劳动力分布两者之间的关系。

第一，房价过高对劳动力的流入和聚集的制约。一般来说，收入水平和失业率是影响劳动力流动的两个主要因素（Pissarides and McMaster，1990；Jackman and Savouri，1992a）。赫尔普曼（Helpman，1998）在新经济地理学模型的基础上引入住房因素，发现过高房价会影响劳动力的相对效用，从而限制劳动力的流入。有研究基于英国数据对房价与劳动力流入之间的关系进行分析，结果显示，高住房成本会阻碍普通劳动力自由流动带来地区性的劳动力紧缺（Rabe and Taylor，2010）。李勇刚（2016）认为，城市高房价会抑制农村剩余劳动力的流动，而收入差距的扩大则会强化房价对农村剩余劳动力转移的"挤出效应"。也就是说，大城市高房价的特征会降低农民工在大城市定居的意愿（周建华和周倩，2014）。

第二，人力资本的积累会反向影响城市房价。与之对应，赫尔普曼（Helpman，1998）提出，经济集聚导致的劳动力涌入也会推高房价。也指出，由于"拥堵"效应的存在，劳动力流入会带来房价的上涨（Tabuchi，1998）。国内研究同样证实了这一观点。陆铭等（2014）认为，劳动力流入带来的住房需求推动了城市住房价格的上涨；陈斌开和张川川（2016）利用实证方法验证了高等教育人口占比的提升对房价的正面影响。

第三，产业结构升级同时影响着房价与劳动力及其之间的关系。城市房价的上涨，一方面挤出普通劳动力，另一方面又带来高技能型劳动力的聚集，从而改变该地区的劳动力结构，促进当地的产业结构升级。区域房价的差异还会促进劳动力流动，诱发地区之间产业转移并促使产业由低技术、低附加值行业向高技术、高附加值产业演进（刘志伟，2013；高波等，2012）。此外，张莉等（2018）发现，房价对劳动力存在倒"U"型影响，不同于一般认为高房价挤出低端劳动力，并认为，高技能劳动力对房价更敏感，原因在于他们是更有可能购房的人群。

综上可见，虽然现有文献对房价与劳动力流动的关系已有比较深入和细致的研究，但囿于数据等原因，还有可以进一步深入研究和改善的地方。

一方面，这些研究都只停留在"城市间"层面，甚少有聚焦于"城市内"居住成本与劳动力分布的研究。由于不同城市之间存在地理位置、经济水平、政策调控及文化风俗等方方面面的差别，城市之间的对比研究往往存在内生性，使得劳动力流动与住房成本关系的估计有偏。而城市内部的研究之所以较为欠缺，主要是因为城市内部翔实的微观数据不足。城市内部研究既需要对城市内部空间进行细致的划分，又需要有相应的特征数据，如区域房屋均价、区域住宅特征以及区域公共设施等。为此，本章收集了城市内部微观二手房交易数据及基于"宜出行"大数据的人口活动热点数据，利用地理信息系统（geographic information system，GIS）中泰森多边形（Thiessen Polygon）的理念形成城市人口密度分布数据，并将其同区域房价、住宅小区特征以及公共设施特征等变量共同组成数据集，基于这一翔实且具有代表性的数据集展开进一步的分析。

另一方面，劳动力与房价之间存在着交互影响乃至动态变化的关系，而现有研究对这一领域还不够深入。如果说城市之间劳动力流动与住房成本之间存在内生性问题，城市内部劳动力分布与住房同样存在与地理位置相关的经济水平、政策实施等一系列差异，虽然这些差异带来的内生性相对于城市之间的研究较小。此外，住房成本与劳动力分布相关关系随着城市的发展也在动态变化。尤其在经历突发事件（既包含政策颁布、大型活动举办，也包含自然灾害、疫情等突发事件）之后，居民的行为和决策方式都会发生改变。为此，本章结合空间地理学中经典的城市密度分析模型（Clark，1951；Mills，1972；Muth，1969；Wang and Guldmann，1996），控制城市内部区域距离城市中心和副中心的距离，为内生性问题的解决提供新的解决思路。进而，本章研究延长人口活动热点数据的时间跨度，建立疫情前和疫情后的城市人口密度，并在此基础上分析疫情带来的冲击效应。

北京作为首都，其城市发展和人口流动一直备受关注。北京市拥有中国最庞大的二手房交易市场和高企的房屋价格，同时，北京市也吸引了大批外地劳动力在此工作、生活、定居。为了保障民生、推进城镇化发展以及更好地发挥首都功能，北京市从多个方面制定政策，调控房地产市场的发展、外来人口的流入和城市内部区域的人口分布。这就对科学、量化地描述和估计相关领域的现状与相关关系提出了要求。

城市人口的分布同时受到房屋价格正向和负向的叠加影响：房价高昂代表着城市的经济水平较高、生活更为便利，同时意味着更多的工作机会，因而会相对吸引更多的劳动者工作、生活在这一区域；但反之，高房价也意味着高昂的居住成本，这也同时会阻碍劳动力的居留。有关这两种叠加影响的效果文献中已有研究。但一方面，目前文献中甚少有关注同一城市内部的劳动力分布同房价关系，另一方面，这一影响关系还受到突发公共事件的影响，例如，疫情的冲击，使得长时间通勤的时间成本之外又多了健康的风险。因此，估计劳动者对住居成本的敏感度变化，有助于城市劳动力相关政策的制定及城镇化的进一步均衡发展。

此外，本章研究的主要文献还包括对冲击下的不确定性与劳动力流动的研究。

关于突发性事件对劳动力的影响，现有文献主要集中于研究宏观经济形势需求和供给两个方面的冲击效应，并发现不同特征的劳动力市场弹性不同，冲击带来的效果也存在差异。丁守海（2009）以库马尔—米希尔（Kumar –

Michl）理论为基础，发现金融危机背景下，由于劳动管制和隐蔽性事业的原因，可能会存在劳动力就业冲击的滞后爆发，且这一滞后在地区间存在差异。研究发现，受教育年限的增加会降低人们的风险厌恶系数（Brunello，2002）。陈帅和张海鹏（2012）通过微观数据发现，虽然 2008 年金融危机冲击了涉外经济业务，但并未对非农就业产生持续影响，不过面临冲击时，受教育程度较低的劳动力更容易失业，跨地区就业劳动者也就是在外地的农村非农就业更易失业。谭娅等（2016）通过实证研究发现，宏观经济形势变化对不同教育层次的劳动力影响具有差异性。其中，经济的负向冲击下，学历较高的劳动者（具有博士学位）就业数量反而有所上升，而本科生相对于更高学历的劳动者，就业的专业匹配度会下降。

关于劳动力与就业相关应对的政策的研究中，陈昊和陈哲（2015）发现，政府与经济增长成比例的就业目标反而会抑制大专以上劳动力的就业规模，因此，政府的就业政策需要更为精细化，才能在不损害就业学历公平的前提下保障就业效率。

突发事件冲击下，劳动者也会依据自身条件调整就业地区和报酬预期。陈沁和袁志刚（2013）发现，土地为农村劳动力提供了返乡务农的备选。张俊生和吴溪（2014）发现，金融危机后由于国际会计师事务所受到次贷危机较大冲击，2008 年后其对非收入诱因的正向影响消失。而大规模疫情的暴发对于经济的影响无疑是巨大的突发事件冲击，疫情通过影响人的行为进而影响到经济运行（Chou et al.，2004）。岳昌君等（2004）发现，非典型性肺炎的暴发给北京市就业带来了显著的负向影响，降低了留京工作的概率，影响了区域之间劳动力的流动。

2020 年，在新冠疫情冲击下，毕业生升学比例也发生了变化。宏观上来说，区域教育水平的提高会提高相应地区的平均工资水平，同时刺激该地区经济进一步增长（Moretti，2004；Glaeser et al.，1995）。但也有可能导致部分学者曾指出的"过度教育"的情况。从劳动力的供需关系出发，国外部分学者认为，近年来工资增长的主要原因在于年轻人的受教育程度在增加（Card and Lemieux，2001），有研究则直接指出，英国存在较为突出的过度教育情况（Dolton and Vignoles，2000），且过剩的教育收益显著较低，导致毕业生往往要接受非专业对口、非理想的工作选择。赖德胜和田永坡（2005）利用扩展的工作搜寻模型，发现由于劳动力市场的制度性分割引起了"知识性"失业。而邢春冰和李实（2011）发现，扩招使得大学毕业生失业率提高了9个百分点。

此外，疫情使得诸多外地劳动者的工作搜寻转为线上。新型应聘方式的出现对地域流动的影子也有待研究。线上面试虽然提供了替代方式使得外地劳动者能够进入求职过程，但是相对于面对面的口头交流，线上面试也可能会对面试结果存在负面影响。文献中通过搭建理论模型，发现在工作信息的转播过程中，由于能够反映当地社交环境的特征，区域内部的口头交流能够影响个体对教育的期望回报（Anderberge and Andersson，2007）。

此外，需要指出的是，突发公共事件对劳动力流动的冲击研究往往由于微观数据的不足而受到限制。有研究就曾指出，由于缺乏统计数据，特别是微观层面的统计数据，使得金融危机的影响难以被精确衡量（Giles et al.，2012）。

现有文献中有众多学者试图研究突发性事件对宏观经济及个体行为的影响。姚东旻和许艺煊（2018）基于汶川地震的微观数据发现，无论是长期还是短期，地震显著降低了灾区家庭的消费行为，同时显著提高了城镇家庭的储蓄率。

大规模疫情的暴发对于经济的影响无疑是巨大的突发事件冲击，疫情通过影响人的行为进而影响经济运行（Lee and Mckibbin，2012；Torój，2013；Verikios et al.，2012；Chou et al.，2004），已有学者通过模型模拟从理论出发讨论新冠肺炎疫情冲击下及宏观政策的政策效应，而微观研究也发现疫情导致个体和家户出于应对不确定性的考虑改变行为方式，包括但不限于消费、投资模式等。李柳颖和武佳藤（2020）利用微观数据，发现家户在疫情冲击下降低了收入预期，同时出于应对不确定性的考虑，增持保障类资产、预防性储蓄动机上升。此外，朱武祥等（2020）发现，中小微企业由于其脆弱性，85%的企业出现维持困难。企业的经营困难将直接导致劳动力的流动滞涩，短期带来整体的劳动力流动减缓乃至下降。

但同时，疫情过后劳动力的流动也可能会有所增长。面临突发事件时，人力资本和劳动力的流动可以在一定程度上缓解冲击的负向影响。艾春荣和汪伟（2010）将非农就业引入弗里德曼（Milton Friedman）持久收入假说，发现非农劳动投入依据家户流动性约束程度调整以达到平衡消费的目的。卢晶亮等（2014）发现，汶川地震带来了农户收入下降，但人力资本和非农务工能够显著缓解这一负向影响。

新冠疫情的突然暴发，改变了居民生活的方方面面。这一现实问题也对相关的学术研究提出了迫切的需求。突发公共事件引发负向宏观经济时，不同地区的劳动市场供求弹性不同，带来的风险和影响也不同。因而如果想要采取措施稳定就业，保障居民收入，所采取的风险应对措施和政策也应有所差别。因而，基于国内实时数据的劳动力流动研究亟待进行，以研究冲击下劳动力流动的差异是否被放大，户籍制度下的地域流动性是否加剧，以及线上面试等互联网手段对冲击是否有缓解作用等。

现有研究中较少关注突发公共事件带来的区域内部的人口变化，而这关系到城镇化进程中区域人口政策的制定和调整。2020 年初新冠疫情带来的不确定性及对宏观经济的冲击，一方面增加了劳动力流动的困难，另一方面也有可能增加农业人口参与非农劳动的意愿。这种双重效应的叠加，增加了评估疫情冲击下劳动力流动的困难。疫情过后，哪些劳动力选择继续流入城市，哪些又被迫返乡，以及留下的人口是否会改变在城市的聚居和工作区域，是本章将要重点研究的问题之一。本章将基于细致的北京市内部的二手房地产数据及城市内部人口空间活跃热点数据，结合 2020 年初疫情冲击的影响，对北京市住房成本与劳动力分布之间的动态关系展开量化研究。

本章研究意在通过对比疫情前后北京市人口活动密度及其与住房成本之间的相关关系，分析突发事件冲击下城市人口分布和居住行为的变化，量化描述冲击后城市劳动力迁移与房地产市场的现状，为后续推动复工复产的政策制定提供参考依据。具体来说，本章研究主要贡献包括以下三点。

第一，数据方面：建立代表性数据集。本章先获取了衡量北京市人口活动密度的数据，并将其同北京市城市中心、公共服务设施及房地产价格分布相匹配，构建详细且具有代表性的城市人口分布与房价分布数据集。

第二，方法方面：尝试解决人口分布与房地产价格相关关系中的内生性问题。城市内部房屋价格与人口分布高度相关，但同时受到区域经济水平与住宅地理位置等因素共同影响，本章建立能够量化衡量相关因素的经济变量及数据，解决可能的遗漏变量和内生性问题。

第三，现实意义：量化估计疫情冲击下城市人口分布的变化及其与住房成本的相关关系，为进一步的城市发展政策提供依据。2020 年初暴发的新冠肺炎疫情让众多城市居民及外来务工者措手不及。突发事件的冲击下，城市劳动力的行为及决策方式也有可能发生相应的改变。

新冠肺炎疫情之后，如何在有效防控的前提下促进复工复产、保障民生、均衡区域发展是城市发展亟待解决的问题之一。本章基于大数据，结合空间地理和经济计量方法，科学估计疫情冲击下城市人口分布的变化及其与住房成本的相关关系，为以上问题的解决提供翔实的数据基础、创新的研究方法和量化的估计结果。为未来的政策制定提供参考依据。

接下来，本小节将介绍本章研究所采用的数据及其搭建方法，包括数据的来源、统计性描述及数据集之间的匹配方法。数据来源包括三个子数据集合：城市人口分布热点数据、城市微观住宅交易数据和城市空间公共设施数据。主要的匹配方法为地理信息系统中的泰森多边形和定位法。

7.1.1　城市人口分布热点数据

本章从腾讯大数据"宜出行"收集到了北京市城市内部人口分布的热点数据。时间跨度为 2020 年 1 月和 2020 年 5 月。

图 7.1 展示了基于 ArcGIS 密度估计形成的疫情前后北京市人口密度分布图。其中子图 A 为 1 月人口分布，子图 B 为 5 月的人口分布。从两图的直观对比有以下发现。

第一，相对于 1 月，疫情后人口的整体活动热度下降。相比于 1 月，5 月人们晚间活动的最高热度仅为疫情前的 3/4 左右[①]。

第二，相对于 1 月，疫情后的人口相对分布发生改变。从 1 月的分布图

---

① 热度的数量值没有经济含义，因而此处仅提供两个月份相对的变化。

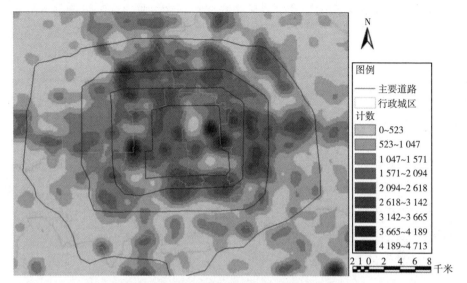

子图A　2020年1月工作日晚九点人口活跃密度分布

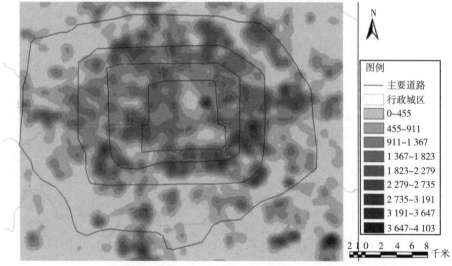

子图B　2020年5月工作日晚九点人口活跃密度分布

图7.1　基于 ArcGIS 密度估计形成的疫情前后北京市人口活跃分布

　　注：图中展示北京市城六区人口密度空间分布。其中黑色实线为北京市主要环线道路，浅灰色细线为行政区划边界。背景颜色由浅到深代表了人口密度由低到高。

　　可以看出，存在明显的人口活动峰值点，聚集在中央商务区（Central Business District，CBD）、金融街、五道口等热门区域。而疫情后的 5 月，曾经的峰值点相对密度下降，整体人口密度向南倾斜。

疫情前后人口分布确实发生了显著的变化，这为我们后续量化估计的开展提供了直观的证据。

7.1.2 住宅微观数据及周边公共设施数据

本章研究的住宅围观数据依旧来自北京市最大的房屋交易中介，基于此，我们可以得到以住宅小区为单位的成交均价，结合楼盘的经纬度信息建立房屋均价的空间分布。

本章进而收集了数据中住宅小区周边的公共设施位置数据，包括其周边500米范围内是否有学校、地铁、公园以及医院等。

7.1.3 匹配方法：泰森多边形和定位法

泰森多边形又称为冯诺伊图，其基本思想是以给定的离散数据点为基准对空间进行划分，划分后得到的每个多边形内只包含一个基准点，且这一多边形内的所有点到该基准点的距离最近。图7.2为北京市城六区依据4 000余个住宅小区划分泰森多边形后的示例，其中，为了显示清晰，省略了基准

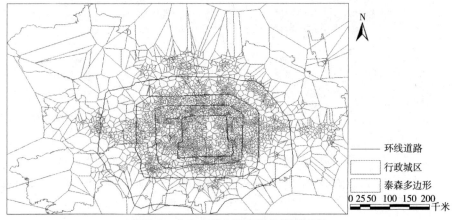

图7.2 北京市城六区泰森多边形示意

注：本图为了显示清晰，省略了小区基准点的位置。图上所示浅灰色线划分的多边形的范围都是一个基于小区位置生成的泰森多边形。其中，黑色实线为北京市主要环线道路，灰色细线为行政区划边界。

点的位置，每个浅灰色线划分的多边形的范围都是一个泰森多边形，黑色实线为北京市主要环线道路，灰色细线为行政区划边界。

为了更加清晰地展示泰森多边形的原理，图7.3展示了北京市二环路内泰森多边形的划分，其中，依旧是浅灰色框线框住的部分为泰森多边形，而其中蓝色实心点则标记了基准点（住宅小区）的位置。每个泰森多边形范围内的点，离其内部基准点的距离相对其他基准点来说都是最近的。

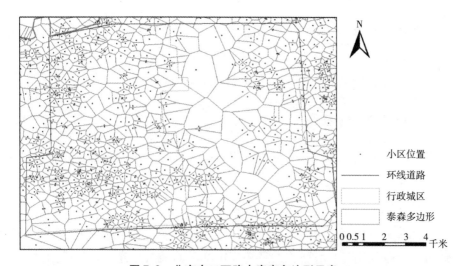

图7.3　北京市二环路内泰森多边形示意

注：本图中黑色实心点为小区基准点的位置。图上所示灰色线划分的多边形的范围都是一个基于小区位置生成的泰森多边形。其中，黑色实线为北京市主要环线道路，浅灰色细线为行政区划边界。

以泰森多边形为划分，可以对北京市人口空间热点数据依据住宅小区进行划分，得到任一热点位置距离最近的住宅小区，将其泰森多边形区域内的热点加总，除以这一多边形的面积就可以得到对应区域的人口分布密度。同时，这一住宅小区的二手房成交均价则代表这一区域的平均房价，同时还包括这一区域的住宅房屋年龄、交易次数、平均成交面积等小区特征，进而匹配其周边的公共设施特征，形成本章研究所需要的数据集。

本章接下来的章节安排如下，第7.2节介绍本章研究采用的方法及相关的模型设定，包括城市密度模型的介绍，以及其引入计量模型的方法；第7.3节展示加入城市密度模型后的实证回归结果及稳健性检验，进而对结果进行讨论和总结。

7.2 城市密度模型的引入

本章先介绍空间地理中常用的城市密度分析所采用的模型及方法，进而将其应用于人口分布及住房成本回归。

7.2.1 研究方法 I：城市密度研究

城市密度分析包含单中心模型与多中心模型。

7.2.1.1 单中心模型

单中心模型假设城市为单中心结构（monocentric structure），也就是城市只有一个中心 CBD。从市中心向外，人口密度逐渐降低，房子的单位面积也逐渐降低。

自克拉克（Clark，1951）的经典研究以来，城市人口密度分析由于其解释了城市内部结构且具有坚实的经济理论基础而经久不衰。密度模型已经成为城市中的一个重要的社会经济特征。

（1）指数模型和幂函数模型。

指数模型是密度方程中使用最广泛的：

$$D = a \cdot e^{br} \tag{7.1}$$

其中，D 是城市区域的人口密度，而 r 是这一区域到城市中心 CBD 的距离，a 为常数，b 为密度斜率常数。通常 b 为负值，代表随着向外扩散人口的密度降低。通过取对数将其转化为线性方程：

$$\ln D = A + b \cdot r \tag{7.2}$$

其中，截距 A 和斜率 b 分别代表了城市中心密度及城市密度斜率，A 越小表示城市中心密度越小，b 为负值，其绝对值越小表示城市密度越平缓。

除了指数函数，幂函数模型假设人口密度同中心距离之间有如下关系：

$D = a \cdot r^b$，取对数之后得到线性方程：

$$\ln D = A + b \ln r \tag{7.3}$$

（2）谭那尔—契若特模型和纽灵模型。

除了以上简单模型，常用的谭那尔—契若特模型取对数后的表达式为：

$$\ln D = A + b r^2 \tag{7.4}$$

式（7.4）表示密度随着距离的平方呈指数衰减。

纽灵模型将指数模型和谭那尔—契若特模型整合，得到：

$$\ln D = A + b_1 r + b_2 r^2 \tag{7.5}$$

其中，常数 b_1 一般为正，代表了 CBD 附近的一个密度塌陷，由于 CBD 附近主要是商业和非居住用地，所以周边人口居住密度相对较低。b_2 一般为负，根据这一模型，人口密度最高的地方在城市中心之外一定距离处，随后随着距离的增加一直减少。

7.2.1.2　多中心模型

自 20 世纪 70 年代以来，众多学者认为，城市开始由单中心向多中心演变，城市除了 CBD 一个主要中心之外，还有多个次中心，基于这种假设建立了多中心城市模型，本章主要选取以下两个不同假设下的多中心模型。

（1）所有中心：假设与所有中心联系模型。

如果假设城市不同中心之间存在互补关系，那就是某一点的人口将受到所有中心的影响，从而多中心的指数模型可以写作：

$$\ln D = a + \sum_{i=1}^{n} b_i r_i \tag{7.6}$$

其中，D 为城市区域的人口密度，n 为城市中心的个数，而 r_i 为该区域与第 i 个中心的距离，a 和 b_i 为参数估计值。

（2）主次中心：假设与 CBD 和最近中心联系模型。

根据中心地理论，CBD 主中心和其他次中心具有不同的功能，主中心具有其不可替代的高级功能，而次中心之间则可以相互取代。因此，对居民来说，重要的是主中心以及距离它最近的次中心。基于指数模型可将这一多中心模型表示为：

$$\ln D = a + b_1 r_1 + b_2 r_2 \qquad (7.7)$$

其中，r_1 为到主中心的距离，r_2 为到最近中心（可以是主中心 CBD，也可以是次中心）的距离。本章研究中，通过对北京市人口活动热点数据进行分析，共选取了包含主中心 CBD 在内的三个城市中心：CBD、金融街和五道口，将热点区域与这三个中心的距离分别记作 r_1、r_2 和 r_3，并将每个区域跟其距离最近的中心距离记为 r_{min}。

7.2.2　研究方法Ⅱ：城市人口分布与住房成本

本部分简要介绍研究城市人口分布及住房成本影响所采用的回归方法。

7.2.2.1　最小二乘法

本章先采用简单 OLS 回归考察劳动力活跃度与居住成本之间的关系：

$$\ln D = \alpha + \beta_1 \cdot price + \beta_2 \cdot price^2 + \varepsilon \qquad (7.8)$$

其中，$\ln D$ 为区域人口分布密度的自然对数，用来衡量劳动力在该区域的活跃程度；price 和 $price^2$ 为区域房屋均价及其二次项；β_1 和 β_2 分别衡量房价变化带来人口密度的变化程度，添加二次项是由于以往研究发现房价和劳动力之间可能存在非线性关系（张莉等，2018）；ε 为误差项。

7.2.2.2　固定效应模型

初步结果显示，仅就北京市内部而言，房价的二次项对人口分布的影响并不显著，但房价一次项同劳动力流向的相关关系十分显著。因此，后续回归中我们仅保留房价的一次项，并取其对数形式。此外，人口分布除了受到区域房价的影响，还可能与该区域的经济发展水平及公共设施等因素相关。为此，我们进一步引入该区域中心与最近的学校、公园和地铁的距离，并同时控制北京市环线及 6 个城区和 168 个商圈的空间固定效应，得到固定效应回归模型如下：

$$\ln D = \alpha + \beta \cdot \ln\_price + \gamma X + \tau_p + \mu_m + \rho_n + \varepsilon \qquad (7.9)$$

其中，X 为区域特征，包含以下方面。

（1）住宅小区特征：小区房龄、小区房屋的平均面积、总楼层。

（2）周边公共设施：周边 500 米是否有优质小学、地铁站、公园和医院（包含社区卫生站）。

（3）以 τ_p、μ_m、ρ_n 为代表的空间位置特征：τ_p 为环线的固定效应，以六环外为基准，包含二环内、二到三环、三道四环、四到五环、五到六环；μ_m 为六个城区的固定效应，$m = 1, 2, \cdots, 6$；ρ_n 为商圈的固定效应，$n = 1$，$2, \cdots, 168$。

7.2.2.3 基于密度分析的计量方法

结合前述介绍过的密度分析模型，本章研究以单中心纽灵模型为基准①，结合计量方程得到回归模型如下：

$$\ln D = \alpha + \beta \cdot \ln\_price + \gamma X + \tau_p + \mu_m + \rho_n + b_1 r + b_2 r^2 + \varepsilon \qquad (7.10)$$

模型（7.10）在模型（7.9）的基础上增加了距离城市中心 CBD 的距离 r 及其二次方，以控制地理位置等可能的遗漏变量。通过控制区域特征，同时利用住宅小区及周边公共设施特征和城市中心距离控制区位效应，本章研究试图得到城市内部人口分布与住房成本之间关系的科学度量，以识别流动人群的代表性特征。

通过这一回归，识别人口分布变化与区域特征的关系，考察人口分布与房价、租金、公共设施、市中心距离等之间的相关关系，进而结合人口流向，分析人群的收入水平和消费习惯。如果较多的人口流出发生在房价或租金较低且距离市中心较远的区域，而市中心区域反而相对聚集，那么意味着疫情更多地冲击收入水平较低的劳动者，而较高收入劳动者在冲击下，由于工作的不可替代等原因，反而相对聚集。

---

① 城市密度模型的选择可参见 7.4 实证结果中单中心模型与多中心模型的回归结果对比。

7.3　城市密度模型的结果

7.3.1　城市密度分析回归

本节展示不同城市密度模型的回归结果，以筛选出最适用于北京市的单中心或多中心模型，在此基础上进行后续回归。

表 7.1 和表 7.2 分别展示了四类单中心模型的初步回归结果。

表 7.1　　　　　单中心模型初步结果：北京市 2020 年 1 月

项目	(1) 幂函数 lnD_Jan	(2) 指数 lnD_Jan	(3) 谭那尔—契若特 lnD_Jan	(4) 纽灵 lnD_Jan
lnr	− 0.419 *** (− 0.464 ~ − 0.374)	— —	— —	— —
r	— —	− 0.077 *** (− 0.082 ~ − 0.072)	— —	0.107 *** (0.096 ~ 0.119)
r²	— —	— —	− 0.004 *** (− 0.004 ~ − 0.003)	− 0.007 *** (− 0.008 ~ − 0.007)
常数项	5.711 *** (5.610 ~ 5.811)	5.599 *** (5.541 ~ 5.657)	5.291 *** (5.258 ~ 5.325)	4.678 *** (4.603 ~ 4.752)
观测值	4 027	4 027	4 027	4 027
R^2	0.077	0.186	0.312	0.363

注：括号内为 95% 水平下的置信区间，*** 表示在 1% 的水平显著。

表 7.1 展示了基于 1 月数据的四类单中心模型回归结果。从表 7.1 中可以发现，回归系数皆符合直觉，第（1）~ 第（3）列中，幂函数、指数、谭那尔—契若特模型结果均显示，随着距离市中心的距离增加，城市人口活动密度显著下降，置信区间全部落在小于零的范围，且常数项显著为正，意味着市中心区域的人口活动密度最大；第（4）列纽灵模型结果显示，距离 r 一次项系数为正，印证了市中心附近的存在密度塌陷，符合北京市 CBD 附近主

要由商业和非居住用地构成的特征，因而周边人口居住密度相对较低。二次项系数为负，意味着人口密度最高的地方在城市中心之外一定距离处，随后随着距离增加的人口密度显著减少。

通过对比表 7.1 四列，我们发现，纽灵模型的 R^2 最大，解释力度最高。

表 7.2 展示了基于 5 月活动数据的归回结果，四类单中心模型的回归结果与 1 月份基本保持一致，但每一类模型估计得到的距离下降系数都有所增大，表示疫情冲击下人口活动密度随着与市中心距离增加而下降的速度变快。此外，四类模型中依旧是纽灵模型的解释力度最高，因而后续回归中本章研究选取纽灵模型为基础模型。

表 7.2　　　　　　　　单中心模型初步结果：北京市 2020 年 5 月

项目	(1) 幂函数 lnD_May	(2) 指数 lnD_May	(3) 谭那尔—契若特 lnD_May	(4) 纽灵 lnD_May
lnr	-0.845^{***} $(-0.912 \sim -0.778)$ —	— —	— —	— —
r	— —	-0.147^{***} $(-0.154 \sim -0.140)$	— —	0.080^{***} $(0.063 \sim 0.098)$
r^2	— —	— —	-0.006^{***} $(-0.006 \sim -0.006)$	-0.009^{***} $(-0.009 \sim -0.008)$
常数项	6.184^{***} $(6.034 \sim 6.333)$	5.863^{***} $(5.780 \sim 5.946)$	5.189^{***} $(5.141 \sim 5.238)$	4.730^{***} $(4.619 \sim 4.841)$
观测值	4 027	4 027	4 027	4 027
R^2	0.133	0.284	0.385	0.397

注：括号内为 95% 水平下的置信区间，*** 表示在 1% 的水平显著。

基于纽灵模型，我们在图 7.4 中展示了人口密度与中心距离的二次拟合曲线，依据纽灵模型估计的北京市人口密度分布情况。我们有如下发现：

（1）受疫情影响，5 月人口整体活动密度相对 1 月显著下降。这是因为：一方面，由于疫情冲击下，部分行业还未营业，外来务工者还未能够返京返工；另一方面，在较大的宏观冲击下，经济状况、城市岗位和生存成本都受到了影响，曾经的城市务工者在这种冲击下选择"返乡"或者退回二三线城市，因而北京整体人口活动密度下降。

（2）在城市中心 5～10 千米处会出现人口密度的高峰，并且疫情冲击后的 5 月，人口密度下降速度也有加快的迹象，拟合曲线更为陡峭。这一定程度上说明疫情后人口分布虽然整体水平下降，但是聚集程度有所增加。

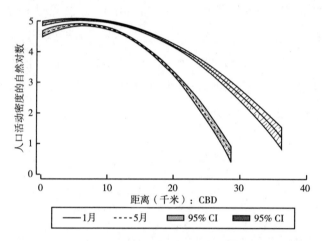

图 7.4　北京市人口密度与城中心距离拟合图：基于纽灵模型

注：图上所示黑色实线为 1 月拟合曲线，对应 ▨ 为其 95% 置信区间，虚线为 5 月拟合曲线，对应 ▦ 为其 95% 置信区间。

接下来考察多中心模型的拟合效果。本章研究共选取了包含主中心 CBD 在内的三个城市中心：CBD、金融街和五道口，将热点区域与这三个中心的距离分别记做 r_1、r_2 和 r_3，并将每个区域与其距离最近的中心距离记为 r_{min}。基于两种模型设定，分别对 1 月及 5 月数据进行拟合，得到结果展示于表 7.3。

表 7.3　　　　多中心模型初步结果：北京市 2020 年 1 月与 5 月

项目	（1）所有中心 lnD_May	（2）所有中心 lnD_May	（3）主次中心 lnD_May	（4）主次中心 lnD_May
r_1	−0.055 *** (−0.061 ～ −0.050)	−0.079 *** (−0.087 ～ −0.071)	−0.029 *** (−0.036 ～ −0.023)	−0.078 *** (−0.087 ～ −0.068)
r_2	−0.054 *** (−0.062 ～ −0.045)	−0.158 *** (−0.169 ～ −0.147)	— —	— —

续表

项目	(1) 所有中心 lnD_May	(2) 所有中心 lnD_May	(3) 主次中心 lnD_May	(4) 主次中心 lnD_May
r_3	-0.032^{***} $(-0.038 \sim -0.025)$	-0.010^{**} $(-0.019 \sim -0.002)$	— —	— —
r_{min}	— —	— —	-0.103^{***} $(-0.113 \sim -0.093)$	-0.147^{***} $(-0.161 \sim -0.133)$
常数项	6.197^{***} $(6.117 \sim 6.277)$	6.628^{***} $(6.521 \sim 6.736)$	5.728^{***} $(5.672 \sim 5.785)$	6.044^{***} $(5.963 \sim 6.125)$
观测值	4 027	4 027	4 027	4 027
R^2	0.300	0.463	0.266	0.354

注：括号内为 95% 水平下的置信区间，$**$、$***$ 分别表示在 5%、1% 的水平显著。

表 7.3 第（1）列和第（2）列展示所有中心模型结果，假设城市不同中心之间存在互补关系，对比发现不同中心在疫情前后的集中程度有所变化，疫情后，随着与 CBD 和金融街的距离增加，密度下降的幅度有所加快，这与单中心模型的估计结果保持一致。但与之相比，与五道口的距离对密度的影响幅度和显著程度都有所下降。第（3）列和第（4）列展示了基于主次中心假设的回归结果，结果显示，疫情后无论是主中心还是次中心，对人口活动密度的重要程度都有所增加，表现为随着距离的增加，人口密度下降加快，意味着疫情后人们更倾向于聚集在中心范围附近。

通过对比表 7.3 我们发现，多中心模型拟合程度相对于表 7.2 前三列的单中心模型来说较高，且基于所有中心假设的多中心要更高一些，但和纽灵模型的拟合程度差异不大。并且通过对比 1 月和 5 月的回归系数及其置信区间，我们发现，疫情冲击后，城市人口密度随着与中心距离的增加而下降的幅度变快，这一结果与我们单中心模型得到的结论基本一致。

本章研究后续回归将以单中心的纽灵模型为主，将其他多中心模型作为稳健性检验。

7.3.2 住房成本与疫情冲击效应

表7.4展示了基于模型（7.10）依次添加控制变量的回归结果。第（1）列在纽灵模型中加入小区均价，第（2）列~第（4）列分别在此基础上增加住宅小区特征、周边公共设施特征和空间位置特征。通过表7.4中结果我们发现，单中心模型中，距离市中心距离及其二次项前系数一直符合直觉，但前三列中住房成本也就是房屋均价前系数并不显著，且在未添加小区相关的特征变量时这一系数为正，随着其他控制变量的增加，这一系数逐渐为负，且在控制全部特征后的第（4）列显著为负。这表明，住房成本的增加会显著降低对应区域的人口活动，但人口活动密度受到众多因素的影响，只有尽可能控制其他相关因素才有可能识别出住房成本对人口活动的"挤出效应"，避免由于遗漏变量带来的内生性问题。

其余控制变量所得到的系数皆符合经济学直觉，以第（4）列为例，具体如下。

（1）就住宅小区特征而言：小区楼龄增加或平均面积增加可能会降低人口活动，尽管这一作用并不显著；此外总楼层比较大的小区人口活动显著增加。

（2）就周边特征而言：优质学区、地铁和医院会提高人口活动密度，但公园则由于相对空旷（并且由于样本选在工作日晚上）而人口活动较低。

（3）就地理位置而言：相对六环之外，其他各环数周边的人口活动密度都较大，且越靠近市中心人口活动越密集。

表7.4　　　　　基于单中心模型的基准回归：依次添加控制变量

项目	(1) 纽灵模型 lnD_Jan	(2) 纽灵模型 lnD_Jan	(3) 纽灵模型 lnD_Jan	(4) 纽灵模型 lnD_Jan
ln_price	0.036 (0.042)	0.035 (0.044)	0.033 (0.044)	−0.379 *** (0.067)
r	0.107 *** (0.006)	0.112 *** (0.006)	0.113 *** (0.006)	0.045 *** (0.014)

续表

项目	（1） 纽灵模型 lnD_Jan	（2） 纽灵模型 lnD_Jan	（3） 纽灵模型 lnD_Jan	（4） 纽灵模型 lnD_Jan
r^2	− 0.007 *** (0.000)	− 0.007 *** (0.000)	− 0.007 *** (0.000)	− 0.006 *** (0.000)
住宅小区特征				
小区楼龄	— —	0.003 ** (0.002)	0.003 ** (0.002)	− 0.001 (0.002)
小区平均面积	— —	− 0.003 *** (0.000)	− 0.003 *** (0.000)	− 0.002 *** (0.000)
小区总楼层	— —	0.021 *** (0.002)	0.021 *** (0.002)	0.014 *** (0.002)
周边特征				
优质学区	— —	— —	0.079 ** (0.031)	0.041 (0.031)
地铁	— —	— —	0.054 (0.038)	0.093 *** (0.036)
公园	— —	— —	− 0.077 ** (0.036)	− 0.100 *** (0.035)
医院	— —	— —	0.038 (0.030)	0.029 (0.028)
空间位置特征				
二环内	— —	— —	— —	0.519 ** (0.227)
二到三环	— —	— —	— —	0.472 ** (0.212)
三到四环	— —	— —	— —	0.518 ** (0.205)
四到五环	— —	— —	— —	0.421 ** (0.211)
五到六环	— —	— —	— —	0.603 *** (0.215)
城区	否	否	否	是
街道	否	否	否	是
常数项	4.291 *** (0.453)	4.158 *** (0.479)	4.155 *** (0.480)	9.251 *** (0.806)
观测值	4 027	4 027	4 027	4 027
R^2	0.363	0.381	0.382	0.530

注：受篇幅限制，部分变量回归结果并未展示于表中。** 、 *** 分别表示在 5%、1% 的水平显著。

基于表 7.4 第（4）列的设定，本章研究分别对疫情前后的人口密度分布进行回归，得到的实证结果展示于表 7.5。从表 7.5 中可以发现，5 月基于纽灵模型的基准回归，得到区域房价前的系数显著为负，但住房成本增加带来的挤出效应有所下降。① 这意味着疫情后，人们对于居住成本的敏感程度反而有所下降。可能的原因在于，疫情后，远距离通勤除了增加时间成本，还增加了一定的健康风险，经过权衡比较，居住成本的重要程度相对下降。这一原因也可以从回归结果中找到证据。从表 7.5 中我们发现，地铁在疫情前会显著提高区域人口密度，但疫情后这一作用不再显著，这可能与人们疫情复工初期减少公共交通出行直接相关。由于出行成本的增高，人们更有可能选择居住在便利的区域，决策过程中住房成本的权重因此有所下降。

此外，其他变量系数基本合理，为节省篇幅不再列出。

表 7.5　　基于单中心模型的基准回归：北京市 2020 年 1 月与 5 月对比

项目	（1）1 月 纽灵模型 lnD_Jan	（2）5 月 纽灵模型 lnD_May
ln_price	− 0.379 *** （0.067）	− 0.336 *** （0.084）
CI	［− 0.500，− 0.237］	［− 0.497，− 0.167］
住宅小区特征	是	是
周边公共设施	是	是
地铁	0.093 *** （0.036）	0.027 （0.045）
空间位置特征	是	是
观测值	4 027	4 027
R^2	0.530	0.685

注：方括号内为 95% 置信区间。其他控制变量均已加入回归，受到篇幅限制，部分回归结果并未展示于表中。*** 表示在 1% 的水平显著。

———————

① 不过两个月份之间的置信区间存在重叠，为此，将在后续研究中进一步拉长时间跨度，对比前后房屋价格的系数及其置信区间。

7.3.3 稳健性分析

本研究的稳健性检验分为以下两个部分。

第一，通过不同的密度分析模型，检验回归结果的稳健性。

第二，利用区域平均租金代替房屋平均售价，考察租金对人口分布的影响。

表 7.6 展示了基于所有中心假设的多中心模型回归对比，我们发现，不同中心模型的选择并不影响我们的结论：疫情冲击下的 5 月人口活动密度受到住房成本的影响有所减弱，且地铁等公共交通周边的人口活动相对疫情前显著降低，在多中心模型回归的结果中，地铁对人口密度的影响在疫情后甚至为负。

表 7.6 　　　基于多中心模型的回归：北京市 2020 年 1 月与 5 月对比

项目	(1) 所有中心 lnD_Jan	(2) 所有中心 lnD_May
ln_price	− 0.618 ***	− 0.576 ***
CI	[− 0.786， − 0.451]	[− 0.786， − 0.367]
住宅小区特征	是	是
周边公共设施	是	是
地铁	0.074 * [− 0.002，0.150]	− 0.016 [− 0.112，0.079]
空间位置特征	是	是
观测值	3 227	3 227
R²	0.532	0.714

注：方括号内为95%置信区间。其他控制变量俱已加入回归，受篇幅限制，部分回归结果并未展示于表中。* 、*** 分别表示在10%、1%的水平显著。

表 7.7 展示了基于纽灵模型，以每平方米租金的自然对数为自变量的回归结果。通过对比表 7.7 第（1）列和第（2）列，我们发现，租金较高也会显著降低人口活动密度，但疫情后这种负向影响的显著程度下降。与此同时，地铁前系数的变化依旧和以往结论保持一致：疫情前显著提高人口密度的地

铁站，在疫情后不再显著。这也证实了我们的猜想，那就是疫情后由于通勤成本的增加，人们减少了公共交通的出行，由此进一步增大了通勤难度，因而在考虑居住区域的时候，住房成本的影响有所下降。

表 7.7　基于租金的单中心模型回归：北京市 2020 年 1 月与 5 月对比

项目	(1) 纽灵模型 lnD_Jan	(2) 纽灵模型 lnD_May
ln_rent	− 0.178 **	− 0.177 *
CI	[− 0.330，− 0.027]	[− 0.363，0.022]
住宅小区特征	是	是
周边公共设施	是	是
地铁	0.092 ** [0.003，0.181]	0.015 [− 0.098，0.128]
空间位置特征	是	是
观测值	2 155	2 155
R^2	0.482	0.665

注：方括号内为 95% 置信区间。其他控制变量均已加入回归，受篇幅限制，部分回归结果并未展示于表中。* 、** 分别表示在 10% 、5% 的水平显著。

7.4　疫情冲击下的城市内部人口分布

本章研究通过收集北京市疫情前后人口活动密度数据及北京市整体住房成本、公共设施数据，通过城市密度模型研究城市人口分布及其与住房成本的关系，并在此基础上对比疫情冲击带来的影响。研究发现，在控制一系列住宅小区特征、公共设施和位置特征之后，住房成本会显著降低对应区域内的人口活动密度，这印证了高房价对劳动人口的"挤出效应"，此外，在宏观经济冲击下，这种"挤出效应"的大小会受到影响。以 2020 年疫情为例，北京市疫情后复工初期（2020 年 5 月）相对疫情暴发前（2020 年 1 月）住房高成本对劳动人口的挤出效应加重，意味着在经济受到冲击的情况下，由于工作岗位的减少及伴随的消费低落，城市中外来务工人员对住房成本的变化更加敏感，较高的居住成本更有可能挤出城市劳动力。

本章研究的结果通过了一系列稳健性检验。疫情的冲击增加了经济的不确定性，同时也影响了劳动者工作、生活等居留决定。这一关系变化量化分析，为未来城市就业政策及区域调控等政策的制定提供了参考。

与预期基本一致，2020年初暴发的新冠疫情显著地影响了劳动力区域的流动性：2020年，北京市劳动力整体就业概率和流动性下降；劳动力在宏观经济形势的影响下倾向于作出更为稳定的选择；突发事件冲击同样影响了劳动市场的供给，使得劳动力进入超大城市，或者在超大城市寻得稳定工作的概率下降，导致北京就业的概率下降，人口密度下降。此外，疫情冲击下，人们面临的通勤成本增加，因而虽然整体人口分布的密度下降，但是人口对于住房成本的敏感度也有所降低，具体体现为人口相对城市中心有所集中，且房屋租金对人口分布的影响有所下降。

第8章 结　　论

　　房地产市场及其相关领域，一直以来都是人们经济生活的重要组成部分，也是反映宏观经济运行的一个重要窗口。以房屋价格和房地产相关行业为切入点展开研究，可以得到对经济领域各个方面更为深入的理解。伴随着我国经济的飞速发展，我国的房地产行业逐渐成为国民经济的支柱性产业，其价格的走势影响着千千万万的城镇家庭，而与之相关的宏观调控也在整体经济中牵一发而动全身。以房地产市场为主要研究对象，本书一方面从微观数据出发分析房地产市场中的定价，另一方面从宏观搭建模型评估房地产相关的产业关联在整体经济中的作用。

　　本书的研究结果也因此主要由两个部分组成。

　　本书上篇为微观证据，包含第2章、第3章、第4章和第5章，主要利用我国代表性城市——北京的微观数据，研究房地产市场中不同房屋特征对房价的影响，并聚焦公共资源与住房的制度性结合带来了家庭行为的变化，以及由此给房屋价格带来的溢价；涉及公共品的分配之后，就无疑会讨论到相关政策的调控及政策变动带来的经济层面的影响，体现在本书中，就是基础教育入学制度的相关政策调整给住房市场带来的冲击。此外，随着家庭收入的增长，对生活质量的追求也逐渐体现在了对住房周边环境的选择上，而这一选择也必然会在市场上有所体现。本书采用空气质量这一环境特征为例，估计人们对洁净空气的支付意愿。而城市内部不同区域和不同时间段的空气质量差异及其对应的周边房价，就为这一估计提供了可行性。

　　通过以上研究，本书发现，无论是优质小学的入学资格，还是住宅周边的环境质量，均与家庭的购房决策息息相关，因而也不可避免地影响房屋的成交价格。为了能够得到公共资源影响的精确估计，本书作出了以下尝试。首先，在估计优质教育在住宅市场中的影响时，充分考虑了中国国情同西方的差异，填补文献中对学区变动这一内生性问题的研究空白，一定程度上解决了由这一问题可能导致的教育溢价低估的问题。借鉴泰森多边形的思想，利用"就近入学"原则搭建工具变量，发现考虑到学区变动的内生性之后，最终得到北京市优质教育溢价远高于不考虑这一情况所得到的结果。这也从另一个方面证实了学区政策的调整对城镇住房价格确实存在不可忽视的影响。此外，本书进一步以 2017 年 3 月的北京市教改为例，分析不同城区政策执行差异带来的房价变化。从另一个角度证实学区政策的调整能够有效配合住房调控政策，影响房地产市场的价格水平和走势。通过对比双重差分法的结果，我们发现，价格在学区变动之后需要一定的反应时间，并且由于政策变动存在不确定性，家庭的经济决策需要时间对政策作出反应。其次，在估计空气质量对房屋价格的影响时，考虑到人们对空气环境的感知往往比较依赖于直观的感受或者空气质量等级的播报，因而空气质量对房屋成交价格的影响很有可能并不是随颗粒物浓度增长而呈线性的增长。因此，本书研究基于房屋的成交周期，估计房屋挂牌到成交期间，空气质量不同等级的天数对最终成交价格的影响，其估计结果相对仅以污染物浓度为解释变量的回归结果更为稳健。实证结果显示，房屋成交前 45 天中，优质空气的天数每下降一天，房屋最终成交均价下降约 0.2%。

宏观层面，本书以 2008 年的刺激政策为切入点，着重分析建筑业同其他部门的产业关联在政策实施过程中起到的作用。首先通过搭建两部门模型求解解析解，给出了产业关联能够放大政策效果同时缓解社会福利降低的理论解释；其次基于投入产出表等数据对拓展的多部门模型进行校准，得到的数值模型结果也证实了解析模型的结论。此外，城市内部的区域房价会成为影响对应地区人口分布密度的重要因素。劳动力会综合考虑收入水平、住房成本和通勤成本等因素来决定最终的居住地点。而在突发公共事件的冲击下，以 2020 年新冠肺炎疫情的暴发为例，我们发现，在疫情暴发前后，人们的经济行为也发生了改变，体现为对住房成本的敏感度有所下降。

无论是从微观角度还是从宏观角度，房地产及其相关行业在居民决策和国家发展中的角色举足轻重，其所涉甚广，囿于时间和精力本书不能全然囊括。仅就目前的研究而言，本书还存在以下可能的改进方向，可供日后进一步研究探讨。

第一，教育溢价所得到的估计仅仅是一个下限，囿于数据及精力的限制并未能够给出学校质量的精准量化衡量。此外，随着学区房的大热，在本书样本期间之外，北京市又出台了多项新政调控学区、实行"多校划片"，后续政策的执行情况以及其对学区溢价会带来怎样的影响还有待进一步研究。

第二，空气质量的变化在城市内部对房价的影响不可避免地受到经济活动的影响，同时需要指出的是，仅考虑城市内部的居住决策可能并不能完全精确反映人们对空气质量的偏好，还需要考虑人们在城市之间的迁移决策，这也是后续研究需要深入考虑的方向。

第三，2008年的刺激政策的款项除去流向基建、灾后重建等建筑领域，还进入金融层面对货币发行总量造成了影响，其具体效应的模拟和估计比本书研究所展示的要复杂得多，如何进一步纳入银行体系，考察这一政策更为广泛的实施效果及产业关联在其间起到的作用，有待后续研究的深入。

第四，时至本书完稿之日，新冠肺炎疫情依旧时有零星暴发，疫情已经逐渐从一件突发的公共性的冲击事件，转变为持续地伴随人们生活的影响因素，并已经在短期给人们的生活、生产方式带来了巨大的改变。这种疫情带来的长久影响，与短期的冲击效果有哪些区别，这样的区别又将怎样影响城市房地产市场的运行和人口的分布，都是让人感兴趣的话题。

城市、城市中的住房与居住在城市中的人，承载、反映和决定着中国的经济发展，也在不断地抛出新的有待研究的问题。

参考文献

[1] 艾春荣, 汪伟. 非农就业与持久收入假说: 理论和实证 [J]. 管理世界, 2010 (1): 8 – 22 + 187.

[2] 陈斌开, 张川川. 人力资本和中国城市住房价格 [J]. 中国社会科学, 2016 (5): 43 – 64 + 205.

[3] 陈斌开, 金箫, 欧阳涤非. 住房价格, 资源错配与中国工业企业生产率 [J]. 世界经济, 2015 (4): 77 – 98.

[4] 陈建伟, 赖德胜. 疫情冲击下大学生就业形势变化与对策 [J]. 中国大学生就业, 2020 (11): 34 – 37.

[5] 陈帅, 张海鹏. 金融危机对中国农村劳动力非农就业的冲击——基于面板双重倍差模型的实证分析 [J]. 中国农村经济, 2012 (8): 28 – 37 + 45.

[6] 陈永伟, 陈立中. 为清洁空气定价: 来自中国青岛的经验证据 [J]. 世界经济, 2012 (4): 140 – 160.

[7] 陈钊, 陆铭. 从分割到融合: 城乡经济增长与社会和谐的政治经济学 [J]. 经济研究, 2008 (1): 21 – 32.

[8] 丁守海. 中国就业弹性究竟有多大?——兼论金融危机对就业的滞后冲击 [J]. 管理世界, 2009 (5): 36 – 46.

[9] 冯皓, 陆铭. 通过买房而择校: 教育影响房价的经验证据与政策含义 [J]. 世界经济, 2010 (12): 89 – 104.

[10] 高波, 陈健, 邹琳华. 区域房价差异、劳动力流动与产业升级 [J]. 经济研究, 2012, 47 (1): 66 – 79.

[11] 郭丛斌, 丁小浩. 职业代际效应的劳动力市场分割与教育的作用 [J]. 经济科学, 2004 (3): 74 – 82.

[12] 胡婉旸, 郑思齐, 王锐. 学区房的溢价究竟有多大: 利用"租买不同

权"和配对回归的实证估计 [J]. 经济学（季刊），2014（3）：1195 – 1214.

[13] 孔高文，刘莎莎，孔东民. 我们为何离开故乡？家庭社会资本、性别、能力与毕业生就业选择 [J]. 经济学（季刊），2017，16（2）：621 – 648.

[14] 赖德胜，田永坡. 对中国"知识失业"成因的一个解释 [J]. 经济研究，2005（11）：111 – 119.

[15] 赖德胜. 劳动力市场分割与大学毕业生失业 [J]. 北京师范大学学报（人文社会科学版），2001（4）：69 – 76.

[16] 李春玲，李实. 市场竞争还是性别歧视——收入性别差异扩大趋势及其原因解释 [J]. 社会学研究，2008（2）：94 – 117 + 244.

[17] 李宏彬，孟岭生，施新政，吴斌珍. 父母的政治资本如何影响大学生在劳动力市场中的表现？——基于中国高校应届毕业生就业调查的经验研究 [J]. 经济学（季刊），2012，11（3）：1011 – 1026.

[18] 李力行，周广肃. 代际传递、社会流动性及其变化趋势——来自收入、职业、教育、政治身份的多角度分析 [J]. 浙江社会科学，2014（5）：11 – 22 + 156.

[19] 李柳颖，武佳藤. 新冠肺炎疫情对居民消费行为的影响及形成机制分析 [J/OL]. 消费经济：1 – 12 [2020 – 05 – 25]. http：//kns. cnki. net/kcms/detail/43. 1022. F. 20200424. 1341. 002. html.

[20] 李生祥，丛树海. 中国财政政策理论乘数和实际乘数效应研究 [D]. 2004.

[21] 李勇刚，收入差距、房价水平与农村剩余劳动力转移——基于面板联立方程模型的经验分析 [J]. 华中科技大学学报：社会科学版，2016（1）：83 – 91.

[22] 李芝倩. 劳动力市场分割下的中国农村劳动力流动模型 [J]. 南开经济研究，2007（1）：93 – 106.

[23] 刘生龙，胡鞍钢. 基础设施的外部性在中国的检验：1988 – 2007 [D]. 2010.

[24] 刘生龙. 中国跨省人口迁移的影响因素分析 [J]. 数量经济技术经济研究，2014，31（4）：83 – 98.

[25] 刘晓光, 张勋, 方文全. 基础设施的城乡收入分配效应: 基于劳动力转移的视角 [J]. 世界经济, 2015 (3): 145 – 170.

[26] 刘志伟. 城市房价, 劳动力流动与第三产业发展——基于全国性面板数据的实证分析 [J]. 经济问题, 2013 (8): 44 – 47.

[27] 卢晶亮, 冯帅章和艾春荣. 自然灾害及政府救助对农户收入与消费的影响: 来自汶川大地震的经验 [J]. 经济学 (季刊), 2014, 13 (2): 745 – 766.

[28] 陆铭, 陈钊. 城市化、城市倾向的经济政策与城乡收入差距 [J]. 经济研究, 2004 (6): 50 – 58.

[29] 陆铭, 欧海军和陈斌开. 理性还是泡沫: 对城市化、移民和房价的经验研究 [J]. 世界经济, 2014, 37 (1): 30 – 54.

[30] 马草原, 马文涛, 李成. 中国劳动力市场所有制分割的根源与表现 [J]. 管理世界, 2017 (11): 22 – 34 + 187.

[31] 马莉萍, 岳昌君. 我国劳动力市场分割与高校毕业生就业流向研究 [J]. 教育发展研究, 2011, 31 (3): 1 – 7.

[32] 潘文卿, 娄莹, 李宏彬. 价值链贸易与经济周期的联动: 国际规律及中国经验 [J]. 经济研究, 2015 (11): 20 – 33.

[33] 卿石松, 郑加梅. 专业选择还是性别歧视? ——男女大学生起薪差距成因解析 [J]. 经济学 (季刊), 2013, 12 (3): 1007 – 1026.

[34] 石庆玲, 郭峰, 陈诗一. 雾霾治理中的 "政治性蓝天" ——来自中国地方 "两会" 的证据 [J]. 中国工业经济, 2016 (5): 40 – 56.

[35] 宋宇, 唐孝炎, 方晨, 张远航, 胡敏, 曾立民, 李成才, 毛节泰, M. Bergin. 北京市能见度下降与颗粒物污染的关系 [J]. 环境科学学报, 2003 (4): 468 – 471.

[36] 宋月萍, 宋正亮. 户籍制度对大学生工资的影响——来自北京市的证据 [J]. 人口与经济, 2016 (4): 103 – 112.

[37] 宋月萍. 职业流动中的性别差异: 审视中国城市劳动力市场 [J]. 经济学 (季刊), 2007 (2): 629 – 654.

[38] 孙三百, 黄薇, 洪俊杰. 劳动力自由迁移为何如此重要? ——基

于代际收入流动的视角 [J]. 经济研究, 2012, 47 (5): 147 - 159.

[39] 孙文凯, 白重恩, 谢沛初. 户籍制度改革对中国农村劳动力流动的影响 [J]. 经济研究, 2011, 46 (1): 28 - 41.

[40] 谭娅, 封世蓝, 龚六堂. 宏观经济形势变化对高素质人才就业的异质性影响——基于北京大学 2008—2014 届毕业生就业数据的经验研究 [J]. 世界经济文汇, 2016 (6): 1 - 23.

[41] 万海远, 李实. 户籍歧视对城乡收入差距的影响 [J]. 经济研究, 2013, 48 (9): 43 - 55.

[42] 王国静, 田国强. 政府支出乘数 [J]. 经济研究, 2014, 49 (9): 4 - 19.

[43] 王国军, 刘水杏. 房地产业对相关产业的带动效应研究 [J]. 经济研究, 2004 (8): 38 - 47.

[44] 王健俊, 俞雪莲. 呼吸的成本: 房价空间分异视角下城市居民对雾霾污染治理的支付意愿测度 [J]. 环境经济研究, 2018 (4): 23 - 45.

[45] 王敏, 黄滢. 中国的环境污染与经济增长 [J]. 经济学 (季刊), 2015 (2): 557 - 578.

[46] 王伟同, 谢佳松, 张玲. 人口迁移的地区代际流动偏好: 微观证据与影响机制 [J]. 管理世界, 2019, 35 (7): 89 - 103 + 135.

[47] 邢春冰, 贾淑艳, 李实. 教育回报率的地区差异及其对劳动力流动的影响 [J]. 经济研究, 2013, 48 (11): 114 - 126.

[48] 邢春冰, 李实. 扩招 "大跃进"、教育机会与大学毕业生就业 [J]. 经济学 (季刊), 2011, 10 (4): 1187 - 1208.

[49] 杨俊, 黄潇, 李晓羽. 教育不平等与收入分配差距: 中国的实证分析 [J]. 管理世界, 2008 (1): 38 - 47 + 187.

[50] 姚东旻, 许艺煊. 自然灾害与居民储蓄行为——基于汶川地震的微观计量检验 [J]. 经济学动态, 2018 (5): 55 - 70.

[51] 余典范, 干春晖, 郑若谷. 中国产业结构的关联特征分析——基于投入产出结构分解技术的实证研究 [J]. 中国工业经济, 2011 (11): 5 - 15.

[52] 岳昌君, 文东茅, 丁小浩. 求职与起薪: 高校毕业生就业竞争力

的实证分析 [J]. 管理世界, 2004 (11): 53–61.

[53] 张博, 黄璇. 中国空气质量的价格评估 [J]. 经济与管理研究, 2017 (10): 94–103.

[54] 张珂, 赵忠. 中国高校毕业生收入预期的动态变迁和影响因素分析 [J]. 世界经济, 2011, 34 (3): 145–160.

[55] 张莉, 何晶, 马润泓. 房价如何影响劳动力流动? [J]. 经济研究, 2017, 52 (8): 155–170.

[56] 郑思齐, 万广华, 孙伟增, 罗党论. 公众诉求与城市环境治理 [J]. 管理世界, 2013 (6): 72–84.

[57] 周建华, 周倩. 高房价背景下农民工留城定居意愿及其政策含义 [J]. 经济体制改革, 2014 (1): 77–81.

[58] 周兴, 张鹏. 代际间的职业流动与收入流动——来自中国城乡家庭的经验研究 [J]. 经济学 (季刊), 2015, 14 (1): 351–372.

[59] 朱军, 张淑翠, 李建强. 突发疫情的经济影响与财政干预政策评估 [J/OL]. 经济与管理评论, https://doi.org/10.13962/j.cnki.37–1486/f.2020.03.003, 2020–04–24/2020–05–10.

[60] 朱武祥, 张平, 李鹏飞, 王子阳. 疫情冲击下中小微企业困境与政策效率提升——基于两次全国问卷调查的分析 [J]. 管理世界, 2020 (4): 13–26.

[61] Abramitzky R, Boustan L, Jácome E, et al. Intergenerational Mobility of Immigrants in the United States over Two Centuries [J]. American Economic Review, 2021, 111 (2): 580–608.

[62] Acemoglu D, Akcigit U, Kerr W. Networks and the macroeconomy: An empirical exploration [J]. NBER Macroeconomics Annual, 2016, 30 (1): 273–335.

[63] Acemoglu D, Ozdaglar A, Tahbaz–Salehi A. Microeconomic origins of macroeconomic tail risks [J]. American Economic Review, 2017, 107 (1): 54–108.

[64] Alvarez F E, Buera F J, Lucas Jr R E. Models of idea flows [R]. National Bureau of Economic Research, 2008.

[65] Anderberg D, Andersson F. Stratification, social networks in the labour

market, and intergenerational mobility [J]. The Economic Journal, 2007, 117 (520): 782 – 812.

[66] Anselin L, Lozano – Gracia N. Errors in variables and spatial effects in hedonic house price models of ambient air quality [J]. Empirical economics, 2008, 34 (1): 5 – 34.

[67] Atalay E, Hortacsu A, Roberts J, et al. Network structure of production [J]. Proceedings of the National Academy of Sciences, 2011, 108 (13): 5199 – 5202.

[68] Aydemir A, Chen W H, Corak M. Intergenerational earnings mobility among the children of Canadian immigrants [J]. The Review of Economics and Statistics, 2009, 91 (2): 377 – 397.

[69] Bai C E, Hsieh C T, Song Z M. The long shadow of a fiscal expansion [R]. National Bureau of Economic Research, 2016.

[70] Bai C E, Li Q, Ouyang M. Property taxes and home prices: A tale of two cities [J]. Journal of Econometrics, 2014, 180 (1): 1 – 15.

[71] Bayer P, Keohane N, Timmins C. Migration and hedonic valuation: The case of air quality [J]. Journal of Environmental Economics and Management, 2009, 58 (1): 1 – 14.

[72] Bayer P, Ferreira F, McMillan R. A unified framework for measuring preferences for schools and neighborhoods [J]. Journal of political economy, 2007, 115 (4): 588 – 638.

[73] Black S E, Machin S. Housing valuations of school performance [M] //Handbook of the Economics of Education. Elsevier, 2011, 3: 485 – 519.

[74] Black S E. Do better schools matter? Parental valuation of elementary education [J]. The quarterly journal of economics, 1999, 114 (2): 577 – 599.

[75] Blomquist G C, Berger M C, Hoehn J P. New estimates of quality of life in urban areas [J]. The American Economic Review, 1988: 89 – 107.

[76] Boldrin M, Garriga C, Peralta – Alva A, et al. Reconstructing the great recession [J]. FRB of St. Louis Working Paper No, 2013.

［77］ Borjas G J, Cassidy H. The adverse effect of the covid – 19 labor market shock on immigrant employment ［R］. National Bureau of Economic Research, 2020.

［78］ Brunello G. Absolute risk aversion and the returns to education ［J］. Economics of Education Review, 2002, 21（6）: 635 – 640.

［79］ Brunner E J, Murdoch J, Thayer M. School finance reform and housing values: Evidence from the Los Angeles metropolitan area ［J］. Public finance and management, 2002, 2（4）: 535 – 565.

［80］ Card D, Lemieux T. Going to college to avoid the draft: The unintended legacy of the Vietnam War ［J］. American Economic Review, 2001, 91（2）: 97 – 102.

［81］ Carvalho V M, Voigtländer N. Input diffusion and the evolution of production networks ［R］. National Bureau of Economic Research, 2014.

［82］ Carvalho V M. From micro to macro via production networks ［J］. Journal of Economic Perspectives, 2014, 28（4）: 23 – 48.

［83］ Chan J, Fang X, Wang Z, et al. Valuing primary schools in urban China ［J］. Journal of Urban Economics, 2020, 115: 103183.

［84］ Chay K Y, Greenstone M. Does air quality matter? Evidence from the housing market ［J］. Journal of political Economy, 2005, 113（2）: 376 – 424.

［85］ Chen J, Hao Q, Yoon C. Measuring the welfare cost of air pollution in Shanghai: evidence from the housing market ［J］. Journal of Environmental Planning and Management, 2018, 61（10）: 1744 – 1757.

［86］ Chen K, Wen Y. The great housing boom of China ［J］. American Economic Journal: Macroeconomics, 2017, 9（2）: 73 – 114.

［87］ Chetty R, Hendren N, Kline P, et al. Is the United States still a land of opportunity? Recent trends in intergenerational mobility ［J］. American Economic Review, 2014, 104（5）: 141 – 47.

［88］ Chou, J. , Kuo N. F. , and Peng S. L. Potential Impacts of the SARS Outbreak on Taiwan's Economy ［J］. Asian Economic Papers, 2004, 3（1）: 84 – 99.

［89］ Clark C. Urban population densities ［J］. Journal of the Royal Statistical Society. Series A (General), 1951, 114 (4): 490 – 496.

[90] Cohen L, Frazzini A, Malloy C. Sell – side school ties [J]. The Journal of Finance, 2010, 65 (4): 1409 – 1437.

[91] Cohen L, Frazzini A, Malloy C. The small world of investing: Board connections and mutual fund returns [J]. Journal of Political Economy, 2008, 116 (5): 951 – 979.

[92] Dahl G B, Lochner L. The impact of family income on child achievement: Evidence from the earned income tax credit [J]. American Economic Review, 2012, 102 (5): 1927 – 56.

[93] Davidoff I, Leigh A. How much do public schools really cost? Estimating the relationship between house prices and school quality [J]. Economic Record, 2008, 84 (265): 193 – 206.

[94] Davis M A, Heathcote J. Housing and the business cycle [J]. International Economic Review, 2005, 46 (3): 751 – 784.

[95] Doepke M, Zilibotti F. Love, money, and parenting: How economics explains the way we raise our kids [M]. Princeton University Press, 2019.

[96] Dolton P, Vignoles A. The incidence and effects of overeducation in the UK graduate labour market [J]. Economics of education review, 2000, 19 (2): 179 – 198.

[97] Echevarría – Zuno S, Mejía – Aranguré J M, Mar – Obeso A J, et al. Infection and death from influenza A H1N1 virus in Mexico: A retrospective analysis [J]. The Lancet, 2009, 374 (9707): 2072 – 2079.

[98] Fack G, Grenet J. When do better schools raise housing prices? Evidence from Paris public and private schools [J]. Journal of Public Economics, 2010, 94 (1 – 2): 59 – 77.

[99] Fang H, Eggleston K N, Rizzo J A, et al. The returns to education in China: Evidence from the 1986 compulsory education law [R]. National Bureau of Economic Research, 2012.

[100] Fang H, Gu Q, Xiong W, et al. Demystifying the Chinese housing

boom [J]. NBER Macroeconomics Annual, 2016, 30 (1): 105 – 166.

[101] Figlio D N, Lucas M E. What's in a grade? School report cards and the housing market [J]. American Economic Review, 2004, 94 (3): 591 – 604.

[102] Fitzenberger B, Schnabel R, Wunderlich G. The gender gap in labor market participation and employment: A cohort analysis for West Germany [J]. Journal of Population Economics, 2004, 17 (1): 83 – 116.

[103] Gibbons S, Machin S. Paying for primary schools: admission constraints, school popularity or congestion? [J]. The Economic Journal, 2006, 116 (510): C77 – C92.

[104] Gibbons S, Machin S. Valuing english primary schools [J]. Journal of Urban Economics, 2003, 53 (2): 197 – 219.

[105] Gibbons S, Machin S, Silva O. Valuing school quality using boundary discontinuities [J]. Journal of Urban Economics, 2013, 75: 15 – 28.

[106] Giles J, Park A, Fang C, et al. Weathering a storm: Survey based perspectives on employment in China in the aftermath of the financial crisis [J]. World Bank Policy Research Paper, 2012, 5984.

[107] Giroud X, Mueller H M. Firms′ Internal Networks and Local Economic Shocks [R]. National Bureau of Economic Research, 2017.

[108] Grazzini J, Spelta A. An empirical analysis of the global input – output network and its evolution [R]. Working Paper, 2015.

[109] Gyourko J, Tracy J. The structure of local public finance and the quality of life [J]. Journal of Political Economy, 1991, 99 (4): 774 – 806.

[110] Helpman E. The size of regions [J]. Topics in Public Economics: Theoretical and Applied Analysis, 1998: 33 – 54.

[111] Hornstein A, Praschnik J. Intermediate inputs and sectoral comovement in the business cycle [J]. Journal of Monetary Economics, 1997, 40 (3): 573 – 595.

[112] Hsiao C, Steve Ching H, Ki Wan S. A panel data approach for program evaluation: Measuring the benefits of political and economic integration of

Hong Kong with mainland China [J]. Journal of Applied Econometrics, 2012, 27 (5): 705 – 740.

[113] Koichiro I, Shuang Z. Willingness to Pay for Clean Air: Evidence from the air purifier markets in China [R]. 2016.

[114] Jackman R, Savouri S. Regional migration in Britain: An analysis of gross flows using NHS central register data [J]. The Economic Journal, 1992, 102 (415): 1433 – 1450.

[115] Jeanty P W, Partridge M, Irwin E. Estimation of a spatial simultaneous equation model of population migration and housing price dynamics [J]. Regional Science and Urban Economics, 2010, 40 (5): 343 – 352.

[116] Jia R, Ku H. Is China's pollution the culprit for the choking of South Korea? Evidence from the Asian dust [J]. The Economic Journal, 2019, 129 (624): 3154 – 3188.

[117] Jones C I. Intermediate goods and weak links in the theory of economic development [J]. American Economic Journal: Macroeconomics, 2011, 3 (2): 1 – 28.

[118] Jones C I. Misallocation, economic growth, and input – output economics [R]. National Bureau of Economic Research, 2011.

[119] Kim C W, Phipps T T, Anselin L. Measuring the benefits of air quality improvement: A spatial hedonic approach [J]. Journal of Environmental Economics and Management, 2003, 45 (1): 24 – 39.

[120] Kireyev A, Leonidov A. Network effects of international shocks and spillovers [J]. Networks and Spatial Economics, 2015: 1 – 32.

[121] Kiyotaki N, Moore J. Credit cycles [J]. Journal of Political Economy, 1997, 105 (2): 211 – 248.

[122] Lee C I, Solon G. Trends in intergenerational income mobility [J]. The Review of Economics and Statistics, 2009, 91 (4): 766 – 772.

[123] Lee, J. W., and Mckibbin, W. J. The Impact of SARS [A]. Ross Garnaut, Ligang Song. China: New Engine of World Growth [C]. Canberra: ANU

Press, 2012.

[124] Lin E S. Gender wage gaps by college major in Taiwan: Empirical evidence from the 1997 – 2003 Manpower Utilization Survey [J]. Economics of Education Review, 2010, 29 (1): 156 – 164.

[125] Liu E. Industrial policies and economic development [J]. Work in Progress, 2017.

[126] Liu L, Wan Q. The effect of education expansion on intergenerational transmission of education: Evidence from China [J]. China Economic Review, 2019, 57: 101327.

[127] Long J, Ferrie J. Intergenerational occupational mobility in Great Britain and the United States since 1850 [J]. American Economic Review, 2013, 103 (4): 1109 – 37.

[128] Long Jr J B, Plosser C I. Real business cycles [J]. Journal of Political Economy, 1983, 91 (1): 39 – 69.

[129] Miao J, Wang P. Bubbles and total factor productivity [J]. American Economic Review, 2012, 102 (3): 82 – 87.

[130] Miller R E, Blair P D. Input – output analysis: Foundations and extensions [M]. Cambridge University Press, 2009.

[131] Mills E S. Studies in the Structure of the Urban Economy [J]. Economic Journal, 1972, 6 (2): 151.

[132] Muth R F. Cities and Housing; The Spatial Pattern of Urban Rsidential Land Use [M]. University of Chicago Press, Chicago, Ⅲ, 1969.

[133] Nguyen – Hoang P, Yinger J. The capitalization of school quality into house values: A review [J]. Journal of Housing Economics, 2011, 20 (1): 30 – 48.

[134] Niederle M. A gender agenda: A progress report on competitiveness [J]. American Economic Review, 2017, 107 (5): 115 – 19.

[135] Oberfield E. Business networks, production chains, and productivity: A theory of input – output architecture [J]. Working Paper Series, 2011.

[136] Ozdagli A, Weber M. Monetary policy through production networks: Evi-

dence from the stock market ［R］. National Bureau of Economic Research, 2017.

［137］ Piketty T, Yang L, Zucman G. Capital accumulation, private proper- ty, and rising inequality in China, 1978 - 2015 ［J］. American Economic Re- view, 2019, 109 (7): 2469 - 96.

［138］ Pissarides C A, McMaster I. Regional migration, wages and unemploy- ment: Empirical evidence and implications for policy ［J］. Oxford Economic Pa- pers, 1990, 42 (4): 812 - 831.

［139］ Qin Y, Wu J, Yan J. Negotiating housing deal on a polluted day: Consequences and possible explanations ［J］. Journal of Environmental Economics and Management, 2019, 94: 161 - 187.

［140］ Rabe B, Taylor M P. Differences in opportunities? Wage, employment and house - price effects on migration ［J］. Oxford Bulletin of Economics and Sta- tistics, 2012, 74 (6): 831 - 855.

［141］ Rosen S. Markets and diversity ［J］. American Economic Review, 2002, 92 (1): 1 - 15.

［142］ Tabuchi T. Urban agglomeration and dispersion: A synthesis of Alonso and Krugman ［J］. Journal of Urban Economics, 1998, 44 (3): 333 - 351.

［143］ Tiebout C M. A pure theory of local expenditures ［J］. Journal of Po- litical Economy, 1956, 64 (5): 416 - 424.

［144］ Torój, A. Why Don't Blanchard - Kahn ever "Catch" Flu? And How it Matters for Measuring Indirect Cost of Epidemics in DSGE Framework ［J］. Central European Journal of Economic Modelling and Econometrics, 2013, 5 (3): 185 - 206.

［145］ Luechinger S. Valuing air quality using the life satisfaction approach ［J］. The Economic Journal, 2009, 119 (536): 482 - 515.

［146］ Verikios, G. , Mccaw, J. M. , Mcvernon, J. et al. H1N1 Influenza and the Australian Macroeconomy ［J］. Journal of The Asia Pacific Economy, 2012, 17 (1): 22 - 51.

［147］ Wang F, Guldmann J M. Simulating urban population density with a gravity – based model [J]. Socio – Economic Planning Sciences, 1996, 30 (4): 245 – 256.

[148] Xie Y, Zhou X. Income inequality in today's China [J]. Proceedings of the National Academy of Sciences, 2014, 111 (19): 6928 – 6933.

[149] Zhang X, Zhang X, Chen X. Happiness in the air: How does a dirty sky affect mental health and subjective well – being? [J]. Journal of Environmental Economics and Management, 2017, 85: 81 – 94.

[150] Zhang J, Zhao Y, Park A, et al. Economic returns to schooling in urban China, 1988 to 2001 [J]. Journal of Comparative Economics, 2005, 33 (4): 730 – 752.

[151] Zhang M, Chen J. Unequal school enrollment rights, rent yields gap, and increased inequality: The case of Shanghai [J]. China Economic Review, 2018, 49: 229 – 240.

[152] Zhao B. Rational housing bubble [J]. Economic Theory, 2015, 60 (1): 141 – 201.

[153] Zheng S, Kahn M E, Liu H. Towards a system of open cities in China: Home prices, FDI flows and air quality in 35 major cities [J]. Regional Science and Urban Economics, 2010, 40 (1): 1 – 10.

[154] Zheng S, Jing C, Kahn M E, Cong, S. Real Estate Valuation and Cross – Boundary Air Pollution Externalities: Evidence from Chinese Cities [J]. Journal of Real Estate Finance & Economics, 2014, 48 (3): 398 – 414.

[155] Zheng S, Hu W, Wang R. How much is a good school worth in Beijing? Identifying price premium with paired resale and rental data [J]. The Journal of Real Estate Finance and Economics, 2016, 53 (2): 184 – 199.

附　　录

附录 A　数据：产业关联校准

本附录中，数据皆来自国家统计局。

制造业、建筑业和交通仓储等固定资产投资对比如附表 A1 所示。

附表 A1　　制造业、建筑业和交通仓储等固定资产投资对比　　　建筑业 2005 = 1

项目	2005 年	2007 年	2009 年	2011 年	2013 年	均值	方差
制造业	1	1.74	2.88	5.03	7.23	3.94	6.57
建筑业	1	1.49	2.36	4.88	5.32	3.30	3.93
交通运输	1	1.47	2.63	3.13	4.10	2.68	1.65
总固定资产投资	1	1.56	2.58	4.03	5.80	3.30	3.93

利用中国 2012 年投入产出表进行生产函数的校准。

2012 年投入产出表如附表 A2 所示，其中增加值中提取劳动的份额，中间品份额按比例划分。[①]

附表 A2　　　　　　　　2012 年投入产出表

投入产出	建筑业份额	制造业份额	交通仓储份额	水利环境份额
建筑业	0.03	0.002	0.01	0.021
制造业	0.54	0.508	0.28	0.214
交通运输	0.03	0.026	0.14	0.037
水利环境	0.0001	0.0007	0.004	0.017
中间投入合计	0.73	0.792	0.63	0.585

---

① 从表中可以发现，相对于制造业，建筑业、交通仓储和水利环境的共同特征是：生产过程中的中间品很少一部分来自本部门，绝大部分来自其他部门。

续表

投入产出	建筑业份额	制造业份额	交通仓储份额	水利环境份额
劳动者报酬	0.16	0.079	0.18	0.244
生产税净额	0.04	0.040	0.01	0.005
固定资产折旧	0.01	0.031	0.08	0.079
营业盈余	0.05	0.058	0.10	0.087
增加值合计	0.27	0.208	0.37	0.415
总投入	1.00	1.000	1.00	1.000

对比美国投入产出表[①]，如附表 A3。

附表 A3　　　　　　　　　　　美国投入产出表

产业	建筑业	其他产业
建筑业	0.0009	0.0058
其他产业	0.4828	0.4301
劳动者报酬（Compensation of employees）	0.0072	0.0471
进出口税（Taxes on production and imports, less subsidies）	0.0072	0.0471
总营业盈余	0.1466	0.2368
总计	1.0000	1.0000

资料来源：投入产出表来自美国商务部经济分析局（Bureau of Economic Analysis, BEA），以及 Boldrin, 2013. 表 A2：Coefficients with Respect to Column Industries。

对比可发现，建筑业和制造业的占比大致相同。不过狭义上建筑业的划分会使得生产函数中建筑业中间品占有份额过小。因此本书中使用广义的建筑业概念，将交通、仓储、水利等囊括在内。

[①]　详情可参见 Boldrin（2013）.

附录 B 推导： 产业关联模型

D. 1 简单模型求解。

简单模型设定：

$$u(C_t, Z_t) = \theta_0 \ln Z_t + \theta_1 \ln C_{1t} + \theta_2 \ln C_{2t}$$

对社会规划者来说：

$$C_{it} + M_{i1t} + M_{i2t} = Y_{it}, i = 1, 2$$
$$Z_t + L_{1t} + L_{2t} = H$$

制造业和建筑业的生产函数分别如下：

$$Y_1 = L_1^{b_1} M_{11}^{a_{11}} M_{21}^{a_{21}}$$
$$Y_2 = L_2^{b_2} M_{12}^{a_{12}} M_{22}^{a_{22}}$$

其中，$b_i + a_{1i} + a_{2i} = 1$，$i = 1$，2。

值函数为：

$$V(S_t) = \max\{u(C_t, Z_t) + \beta E[V(S_{t+1}) \mid S_t]\},$$

其中，$S_t = (Y_t)$ 为状态变量。通过猜想和证实（guess and verify）有：

$$V(Y_t) = A \ln Y_{1t} + B \ln Y_{2t} + K$$

解得：

$$A = \theta_1 + \beta A a_{11} + \beta A a_{21},$$
$$B = \theta_2 + \beta A a_{21} + \beta A a_{22}$$

记 A、B 分别为 γ_1、γ_2，由上式可得：

$$\gamma_1 = \frac{(1 - \beta a_{22}) \theta_1 + \beta a_{12} \theta_2}{1 - \beta a_{11} - \beta a_{22} + \beta^2 (a_{11} a_{22} - a_{21} a_{12})}$$

$$\gamma_2 = \frac{\beta a_{21} \theta_1 + (1 - \beta a_{11}) \theta_2}{1 - \beta a_{11} - \beta a_{22} + \beta^2 (a_{11} a_{22} - a_{21} a_{12})}$$

值函数得解，解析解易得。

D.2　简单模型结论证明。

命题1：政府补贴会增加总体劳动投入并扩大产出，产业关联会对政府刺激下劳动投入的增加以及总产出的增加起到放大作用：

$$\frac{\partial(L_1 + L_2)}{\partial\tau} > 0, \frac{\partial^2(L_1 + L_2)}{\partial a_{ij}\partial\tau} > 0, i \neq j$$

$$\frac{\partial\ln Y}{\partial\tau} > 0, \frac{\partial^2\ln Y}{\partial a_{ij}\partial\tau} > 0, i \neq j$$

其中，Y 代表进入家户效用函数的产出 $\ln Y \triangleq \theta_1\ln C_1 + \theta_2\ln C_2$，当 $\tau > 0$ 表示政府对建筑业的补贴。

证明：记 $\Omega = 1 - \beta a_{11} - \beta a_{22} + \beta^2(a_{11}a_{22} - a_{21}a_{12})$，$\Theta = \theta_0 + \beta(\gamma_1 b_1 + \gamma_2 b_2)$，则有：

$$\frac{\partial L_{1t}}{\partial\theta_2} + \frac{\partial L_{2t}}{\partial\theta_2} = H\frac{1}{\Theta^2}\left[\theta_0\beta b_1\frac{\beta a_{21}}{\Omega} + \theta_0\beta b_2\frac{1 - \beta a_{11}}{\Omega}\right]$$

$$= H\frac{\beta\theta_0}{\Theta^2 \cdot \Omega}[b_1\beta a_{21} + b_2(1 - \beta a_{11})] > 0$$

引入政府补贴，家户一阶条件成为：

$$\frac{\theta_1}{C_{1t}} \cdot \frac{C_{2t}}{\theta_2} = \frac{P_{1t}}{(1 - \tau)P_{2t}}$$

$$\frac{(1 - \tau)\theta_1}{C_{1t}} \cdot \frac{C_{2t}}{\theta_2} = \frac{P_{1t}}{P_{2t}},$$

将其视为在新的偏好因子下的决策，令 $\theta_2' = \dfrac{\theta_2}{(1 - \tau)}$，那么 $\dfrac{\partial\theta_2'}{\partial\tau} = \dfrac{\theta_2}{(1 - \tau)^2} > 0$，则有：

$$\frac{\partial(L_{1t} + L_{2t})}{\partial\tau} = \frac{\partial(L_{1t} + L_{2t})}{\partial\theta_2'}\frac{\partial\theta_2'}{\partial\tau} > 0$$

进而可得：$\dfrac{\partial^2(L_1 + L_2)}{\partial a_{ij}\partial\tau} > 0, i \neq j$。

要证 $\dfrac{\partial \ln Y}{\partial \tau} > 0,\ \dfrac{\partial^2 \ln Y}{\partial a_{ij}\partial \tau} > 0,\ i \neq j$，需先证：

$$\frac{\partial \ln Y_t}{\partial \ln(L_{1t} + L_{2t})} = (\theta'(1 - \sum)^{-1}B) > 0$$

其中，Y_t 代表进入家户效用函数的产出 $Y_t \triangleq \theta_1 \ln C_{1t} + \theta_2 \ln C_{2t}$，参数 $\theta' = (\theta_1,$ $\theta_2)$、$\sum = \begin{pmatrix} a_{11} & a_{12} \\ a_{21} & a_{22} \end{pmatrix}$、$B = (b_1,\ b_2)$，$I$ 为单位矩阵。

证明如下。

在简单模型静态的设定下，家户效用和进入家户效用的产出分别为：

$$u = \theta_0 \ln(H - L_1 - L_2) + \ln Y$$

$$\ln Y \triangleq \theta_1 \ln C_1 + \theta_2 \ln C_2$$

可将 Y 视为一种最终产品，直接被家户消费，此最终品的生产函数 $F = C_1^{\theta_1} C_2^{\theta_2}$，将其价格标准化为 1，对家户来说有预算约束 $Y = w(H - Z)$，其中，w 为用最终品衡量的工资，均衡条件下最终品的供给等于需求 $F = Y$。

制造业和建筑业的生产函数分别如下：

$$Y_1 = L_1^{b_1} M_{11}^{a_{11}} M_{21}^{a_{21}}$$

$$Y_2 = L_2^{b_2} M_{12}^{a_{12}} M_{22}^{a_{22}}$$

市场出清条件为：

$$C_1 + M_{11} + M_{12} = Y_1$$

$$C_2 + M_{21} + M_{22} = Y_2$$

$$L_1 + L_2 + Z = H$$

企业 $i = 1,\ 2$ 的一阶条件为：

$$wL_i = b_i \cdot p_i Y_i,\ p_j M_{ji} = a_{ji} \cdot p_i Y_i$$

令 $\kappa_i = \dfrac{p_i Y_i}{Y}$ 并结合家户预算约束得到：

$$L_i = \frac{b_i \kappa_i}{\sum_j b_j \kappa_j}(H - Z),\ M_{ij} = a_{ij} \cdot \frac{\kappa_j}{\kappa_i} Y_i$$

以上两式代表着劳动和中间品在不同部门之间的分配。

最终品生产的一阶条件为：

$$p_i C_i = \theta_i F$$

得到：

$$C_i = \frac{Y_i}{\kappa_i} \frac{\theta_i F}{Y}$$

结合两部门各自的生产函数以及 $b_i + a_{1i} + a_{2i} = 1$ 有：

$$\ln Y_i = b_i [\ln b_i + \ln \kappa_i + \ln(H - Z)] + \sum_j a_{ji} \ln M_{ji}$$

$$= b_i [\ln b_i + \ln \kappa_i + \ln(H - Z)] + \sum_j a_{ji} [\ln a_{ji} + \ln \kappa_i - \ln \kappa_j + \ln Y_j]$$

$$\ln Y_i - \ln \kappa_i = b_i \ln b_i + \sum_j a_{ji} \ln a_{ji} + b_i \ln(H - Z) + \sum_j a_{ji} (\ln Y_j - \ln \kappa_j)$$

$$\ln Y = \sum_i \theta_i \ln C_i = \sum_i \theta_i (\ln Y_i + \ln F + \ln \theta_i - \ln \kappa_i - \ln Y)$$

$$= \sum_i \theta_i (\ln Y_i - \ln \kappa_i + \ln \theta_i)$$

将上述变量用向量表示，$Y = (Y_1, Y_2)$，$\kappa = (\kappa_1, \kappa_2)$，$B = (b_1, b_2)$，并且令 $\ln \omega_i = b_i \ln b_i + \sum_j a_{ji} \ln a_{ji}$，可以得到：

$$\ln Y - \ln \kappa = \ln \Omega + B \ln L + \sum (\ln Y - \ln \kappa)$$

$$\ln Y - \ln \kappa = (1 - \sum)^{-1} (\ln \Omega + B \ln L)$$

$$\ln Y = \theta' \ln \theta + \theta' (1 - \sum)^{-1} (\ln \Omega + B \ln L)$$

最终得到：

$$\frac{\partial \ln Y}{\partial \ln L} = \theta' (1 - \sum)^{-1} B > 0$$

易得 $\dfrac{\partial^2 \ln Y}{\partial a_{ij} \partial \tau} > 0, i \neq j$。

命题 2：政府干预会降低社会福利，但产业关联会减缓福利的下降：

$$\frac{\partial u}{\partial \tau} < 0, \frac{\partial^2 u}{\partial \tau \partial a_{ij}} < 0, i \neq j$$

证明如下。

根据命题 1 可得：

$$\frac{\partial(L_1 + L_2)}{\partial\tau} > 0$$

$$\frac{\partial^2(L_1 + L_2)}{\partial\tau\partial a_{ij}} > 0, i \neq j$$

$$\frac{\partial u}{\partial\tau} = \frac{\partial u}{\partial(L_1 + L_2)}\frac{\partial(L_1 + L_2)}{\partial\tau} = (\theta'(I - \sum)^{-1}B - \theta_0)\cdot\frac{\partial(L_1 + L_2)}{\partial\tau}$$

假设：

$$A = \begin{pmatrix} a & b \\ c & d \end{pmatrix}, A^{-1} = \frac{1}{ad - bc}\begin{pmatrix} d & -b \\ -c & a \end{pmatrix}$$

得到：

$$\theta'(I - \sum)^{-1}B = (\theta_1, \theta_2)\begin{pmatrix} 1 - a_{11} & a_{12} \\ a_{21} & 1 - a_{22} \end{pmatrix}^{-1}\begin{pmatrix} b_1 \\ b_2 \end{pmatrix}$$

$$= (\theta_1, \theta_2)\frac{1}{(1 - a_{11})(1 - a_{22}) - a_{12}a_{21}}\cdot\begin{bmatrix} 1 - a_{22} & a_{12} \\ a_{21} & 1 - a_{11} \end{bmatrix}\begin{pmatrix} b_1 \\ b_2 \end{pmatrix}$$

$$= \frac{1}{(1 - a_{11})(1 - a_{22}) - a_{12}a_{21}}\cdot(\theta_1(1 - a_{22}) + \theta_2 a_{22}, \theta_1 a_{12}$$

$$+ \theta_2(1 - a_{11})\begin{pmatrix} b_1 \\ b_2 \end{pmatrix}$$

$$= \frac{1}{(1 - a_{11})(1 - a_{22}) - a_{12}a_{21}}\cdot(b_1\theta_1(1 - a_{22}) + b_1\theta_2 a_{22}$$

$$+ b_2\theta_1 a_{12} + b_2\theta_2(1 - a_{11}))$$

因而有：

$$\frac{\partial^2 u}{\partial(L_1 + L_2)\partial a_{ij}} > 0, i \neq j$$

$$\frac{\partial^2 u}{\partial\tau\partial a_{ij}} > 0, i \neq j$$

D. 3 一般模型中隐含价格的证明。

拉格朗日函数为：

$$\mathcal{L} = \sum \beta^t [u(c_t, h_t) + \gamma v(n_t)] + \lambda_t [w_t n_t + r_t^k k_t + p_t^l (l_t - l_{t+1})$$
$$- T - c_t - x_t^k - p_t^s x_t^s] + \mu_t [H(s_t, l_t) - h_t]$$

$$k_{t+1}: -\lambda_t + \lambda_{t+1} [r_{t+1}^k + (1 - \delta_k)] = 0$$

$$s_{t+1}: -\lambda_t p_t^s + \lambda_{t+1} p_{t+1}^s (1 - \delta_k) + \mu_{t+1} H_s(s_t, l_t) = 0$$

$$l_{t+1}: -\lambda_t p_t^l + \lambda_{t+1} p_{t+1}^l + \mu_{t+1} H_l(s_t, l_t) = 0$$

$$h_t: \beta^t u_h(c_t, h_t) - \mu_t = 0$$

$$c_t: \beta^t u_c(c_t, h_t) - \lambda_t = 0$$

$$n_t: \beta^t \gamma v_c(n_t) + \lambda_t w_t = 0$$

$$R_{t+1} = \frac{u_h(c_{t+1}, h_{t+1})}{u_c(c_{t+1}, h_{t+1})} = \frac{\mu_{t+1}}{\lambda_{t+1}}$$

由 s_{t+1} 的一阶条件可得：

$$\frac{\lambda_t}{\lambda_{t+1}} = \frac{1}{p_t^s} \{ p_{t+1}^s (1 - \delta_s) + \frac{\mu_{t+1}}{\lambda_{t+1}} H_s(s_{t+1}, l_{t+1}) \}$$

$$r_{t+1}^k + (1 - \delta_k) = \frac{1}{p_t^s} \{ p_{t+1}^s (1 - \delta_s) + R_{t+1} H_s(s_{t+1}, l_{t+1}) \}$$

由 l_{t+1} 的一阶条件可得：

$$\frac{\lambda_t}{\lambda_{t+1}} = \frac{1}{p_t^l} \{ p_{t+1}^l + \frac{\mu_{t+1}}{\lambda_{t+1}} H_l(s_{t+1}, l_{t+1}) \}$$

$$r_{t+1}^k + (1 - \delta_k) = \frac{1}{p_t^l} \{ p_{t+1}^l + R_{t+1} H_l(s_{t+1}, l_{t+1}) \}$$

即证。